法廷通訳ハンドブック実践編

【インドネシア語】
（改訂版）

最高裁判所事務総局

はじめに

　法廷通訳については，通訳の対象が法廷という極めて特殊な状況での会話であるために，通訳一般で必要とされる十分な語学力に加えて，法廷通訳に求められる特別の心構えや刑事手続の基本的な知識を身につける必要があります。そして，経験を積む中で，刑事手続への理解を深め，事実に争いがある否認事件等の複雑な手続や，控訴審などの通常の第一審と異なる手続の通訳もこなせるようなレベルにまで，能力を向上させていくことが期待されます。このようなレベルに達するには，法廷での特殊な用語，法律的な知識など法廷通訳に特有の事項をよく理解することが必要となります。

　本書は，そのための手助けになるように，平成元年度から順次刊行した法廷通訳ハンドブックの姉妹編として作成しました。

　本書では，できるだけ実践的な内容とすることを心がけ，第1編では刑事手続の流れに沿って，通訳人からよく質問される事項をQ＆Aの形でまとめ，第2編では，控訴審の手続をできるだけ平易に説明するとともに，第3編及び第4編では，法廷で使用されることの多いやりとりの具体例や，法律用語などの通訳例をできる限り網羅的に掲載することを心がけました。

　なお，本書の初版が刊行されてから相当期間が経過しており，その間，法改正や新法の制定が行われ，刑事裁判に関する様々な制度（公判前整理手続，即決裁判手続，裁判員の参加する刑事裁判手続，犯罪被害者等が刑事裁判に参加する制度等）が実施されています。

　そこで，今回，これらの法改正等を踏まえて，初版の内容を見直し，所要の改訂を行いました。

　本書が，初版と同様，広く刑事裁判の通訳に当たる方の一助となれば幸いです。

　　　　平成24年3月

　　　　　　　　　　　　　　最高裁判所事務総局刑事局

目　次

第1編　刑事裁判手続における通訳人の留意事項 ‥‥‥‥‥‥　1

第1章　一般的注意事項 ‥‥‥‥‥‥‥‥‥‥‥‥‥‥‥　1

第2章　勾留質問手続 ‥‥‥‥‥‥‥‥‥‥‥‥‥‥‥　3

第3章　起訴後第1回公判期日前まで ‥‥‥‥‥‥‥‥　4

第1節　起訴 ‥‥‥‥‥‥‥‥‥‥‥‥‥‥‥‥‥　4

第2節　起訴状概要の翻訳文の送付 ‥‥‥‥‥‥‥　4

1　趣旨 ‥‥‥‥‥‥‥‥‥‥‥‥‥‥‥‥‥　4

2　実施の方法 ‥‥‥‥‥‥‥‥‥‥‥‥‥‥　4

第3節　法廷通訳の依頼 ‥‥‥‥‥‥‥‥‥‥‥‥　5

第4節　公判前整理手続 ‥‥‥‥‥‥‥‥‥‥‥‥　7

第5節　第1回公判期日の指定 ‥‥‥‥‥‥‥‥‥　9

第6節　裁判所と通訳人との連絡及び通訳人の事前準備‥‥　10

第7節　弁護人の接見への同行 ‥‥‥‥‥‥‥‥‥　12

第4章　公判手続 ‥‥‥‥‥‥‥‥‥‥‥‥‥‥‥‥‥　16

第1節　法廷通訳一般 ‥‥‥‥‥‥‥‥‥‥‥‥‥　16

第2節　開廷前の準備 ‥‥‥‥‥‥‥‥‥‥‥‥‥　19

第3節　公判廷での手続 ‥‥‥‥‥‥‥‥‥‥‥‥　20

1　通訳人の宣誓等 ‥‥‥‥‥‥‥‥‥‥‥‥　20

2　被告人に対する宣誓手続等についての説明 ‥‥‥‥　20

3　被告人の人定質問 ‥‥‥‥‥‥‥‥‥‥‥　21

4　起訴状朗読 ‥‥‥‥‥‥‥‥‥‥‥‥‥‥　21

5　黙秘権の告知 ‥‥‥‥‥‥‥‥‥‥‥‥‥　22

6	事件に対する被告人の陳述	22
7	弁護人の意見	22
8	ワイヤレス通訳システムの利用	22
9	証拠調べ手続	24

（1）冒頭陳述 ………………………………………… 24

（2）検察官からの証拠申請 ………………………… 25

（3）検察官の証拠申請に対する弁護人の意見 ……… 25

（4）裁判所の証拠採否（証拠を採用するか却下
するか）の決定 ………………………………… 25

（5）採用された証拠の取調べ ……………………… 25

　　ア　証拠書類の内容の要旨の告知（又は朗読）…… 25

　　イ　証拠物の展示 ………………………………… 26

（6）証人尋問 ………………………………………… 26

　　ア　証人の宣誓及び虚偽の証言に対する注意 …… 26

　　イ　通訳の方法 …………………………………… 26

　　　㋐　外国語を使用する証人の場合 …………… 26

　　　㋑　日本語を使用する証人の場合 …………… 27

　　ウ　証人の不安や緊張等を緩和するための措置 …… 27

　　　㋐　付添い …………………………………… 27

　　　㋑　遮へい …………………………………… 27

　　　㋒　ビデオリンク …………………………… 28

10	被告人質問	34
11	論告	34
12	弁護人による弁論	35

13　被告人の最終陳述 ･････････････････････････････ 36

14　次回期日の指定 ･･････････････････････････････ 36

15　判決宣告の手続 ･･････････････････････････････ 37

16　上訴期間等の告知 ････････････････････････････ 38

17　即決裁判手続 ････････････････････････････････ 38

第4節　裁判員裁判 ･･････････････････････････････ 39

第5節　被害者参加 ･･････････････････････････････ 41

第5章　その他の留意事項 ････････････････････････ 43

第2編　控訴審における刑事手続の概要 ･･･････････････ **45**

第1章　控訴審とは ･･････････････････････････････ 45

1　上訴制度 ･･････････････････････････････････ 45

2　控訴審の役割 ･･････････････････････････････ 45

第2章　控訴の申立て等 ･･････････････････････････ 45

1　控訴の提起期間 ･･････････････････････････ 46

2　申立ての方式 ･･････････････････････････････ 46

3　上訴の放棄 ････････････････････････････････ 46

4　上訴の取下げ ･･････････････････････････････ 46

第3章　控訴審の手続 ････････････････････････････ 46

第1節　控訴審の第1回公判期日までの手続 ･････････ 46

1　弁護人選任に関する手続 ････････････････････ 47

2　通訳人の選任に関する手続 ･･････････････････ 47

3　被告人の移送 ･･････････････････････････････ 47

4　控訴趣意書の提出 ･･････････････････････････ 47

5　答弁書の提出 ･･････････････････････････････ 48

6 第1回公判期日の指定と被告人の召喚 ・・・・・・・・・・・・ 48

第2節 控訴審における公判審理 ・・・・・・・・・・・・・・・・・・・・・ 49

1 概要 ・・ 49

2 公判期日の手続の流れ ・・・・・・・・・・・・・・・・・・・・・・・・・ 49

（1）通訳人の人定尋問と宣誓 ・・・・・・・・・・・・・・・・・・・ 49

（2）被告人の人定質問 ・・・・・・・・・・・・・・・・・・・・・・・・・ 49

（3）控訴趣意書に基づく弁論 ・・・・・・・・・・・・・・・・・・・ 50

（4）控訴趣意書に対する相手方の意見（答弁）・・・・・・・ 51

（5）事実の取調べ ・・・・・・・・・・・・・・・・・・・・・・・・・・・・・ 51

（6）事実の取調べの結果に基づく弁論 ・・・・・・・・・・・・ 52

（7）次回公判期日の指定・告知 ・・・・・・・・・・・・・・・・・ 52

3 判決宣告期日 ・・・・・・・・・・・・・・・・・・・・・・・・・・・・・・・・・ 52

第3編 法廷通訳参考例 ・・・・・・・・・・・・・・・・・・・・・・・・・ **55**

第1章 勾留質問手続 ・・・・・・・・・・・・・・・・・・・・・・・・・・・・・・ 56

1 前置き ・・・・・・・・・・・・・・・・・・・・・・・・・・・・・・・・・・・・・・・ 56

2 黙秘権の告知 ・・・・・・・・・・・・・・・・・・・・・・・・・・・・・・・・・ 56

3 弁護人選任権の告知 ・・・・・・・・・・・・・・・・・・・・・・・・・・ 56

4 勾留の要件の説明 ・・・・・・・・・・・・・・・・・・・・・・・・・・・・ 58

5 勾留の期間の説明 ・・・・・・・・・・・・・・・・・・・・・・・・・・・・ 58

6 被疑事実の告知 ・・・・・・・・・・・・・・・・・・・・・・・・・・・・・・ 58

7 被疑事実に対する陳述 ・・・・・・・・・・・・・・・・・・・・・・・・ 60

8 勾留通知先 ・・・・・・・・・・・・・・・・・・・・・・・・・・・・・・・・・・ 60

9 領事機関への通報 ・・・・・・・・・・・・・・・・・・・・・・・・・・・・ 60

10 読み聞け ・・・・・・・・・・・・・・・・・・・・・・・・・・・・・・・・・・・ 60

第2章　公判手続 ……………………………………… 62

　1　開廷宣言 …………………………………………… 62

　2　通訳人の宣誓 ……………………………………… 62

　3　人定質問 …………………………………………… 62

　4　起訴状朗読 ………………………………………… 62

　5　黙秘権の告知 ……………………………………… 62

　6　被告事件に対する陳述 …………………………… 64

　7　弁護人の意見 ……………………………………… 64

　8　検察官の冒頭陳述 ………………………………… 66

　9　弁護人の冒頭陳述 ………………………………… 66

　10　公判前整理手続の結果顕出 ……………………… 66

　11　証拠調べ請求 ……………………………………… 66

　12　証拠（書証・証拠物）請求に対する意見 ………… 66

　13　書証の要旨の告知・証拠物の展示 ……………… 68

　14　証人申請 …………………………………………… 70

　15　証人申請に対する意見及び証人の採用 ………… 72

　16　証人の尋問手続 …………………………………… 72

　（1）証人の宣誓 ……………………………………… 72

　（2）異議申立て及びその裁定 ……………………… 72

　（3）証人尋問の終了 ………………………………… 74

　17　その他の手続 ……………………………………… 74

　（1）弁論の併合決定 ………………………………… 74

　（2）訴因及び罰条等の変更 ………………………… 74

－ⅴ－

（3）被害者特定事項の秘匿決定後，被害者の呼
称の定めがされた場合 ・・・・・・・・・・・・・・・・・・・・・・・・・・ 74

（4）被害者参加許可決定 ・・・・・・・・・・・・・・・・・・・・・・・・・・ 74

（5）被害者等の被害に関する心情その他の被告
事件に関する意見陳述 ・・・・・・・・・・・・・・・・・・・・・・・・ 76

（6）即決裁判手続 ・・・・・・・・・・・・・・・・・・・・・・・・・・・・・・・・・ 76

　　ア　被告事件に対する有罪の陳述 ・・・・・・・・・・・・・・ 76

　　イ　弁護人の意見 ・・・・・・・・・・・・・・・・・・・・・・・・・・・・・ 76

　　ウ　即決裁判手続によって審判する旨の決定・・・・・・・ 78

　　エ　証拠調べ請求等 ・・・・・・・・・・・・・・・・・・・・・・・・・・・ 78

18　論告 ・・・ 78

19　被害者参加人の弁論としての意見陳述 ・・・・・・・・・・・・・ 80

20　弁護人の弁論 ・・・・・・・・・・・・・・・・・・・・・・・・・・・・・・・・・・・・ 80

（1）出入国管理及び難民認定法違反（自白事件）
の例 ・・ 82

（2）窃盗（否認事件）の例 ・・・・・・・・・・・・・・・・・・・・・・・ 82

21　被告人の最終陳述 ・・・・・・・・・・・・・・・・・・・・・・・・・・・・・・・ 84

22　公判期日の告知 ・・・・・・・・・・・・・・・・・・・・・・・・・・・・・・・・・ 84

（1）次回公判期日の告知 ・・・・・・・・・・・・・・・・・・・・・・・・・ 84

（2）判決言渡期日の告知 ・・・・・・・・・・・・・・・・・・・・・・・・・ 84

23　判決宣告 ・・ 84

24　執行猶予の説明 ・・・・・・・・・・・・・・・・・・・・・・・・・・・・・・・・・ 86

（1）身柄拘束中の被告人の執行猶予 ・・・・・・・・・・・・・・・ 86

（2）既に不法残留になっている被告人の執行猶予・・・・・・ 86

25 未決勾留日数の説明 ・・・・・・・・・・・・・・・・・・・・・・・ 86

26 保護観察の説明 ・・・・・・・・・・・・・・・・・・・・・・・・・・・ 88

27 上訴権の告知 ・・・・・・・・・・・・・・・・・・・・・・・・・・・・・ 88

第3章 第一審における判決主文の例 ・・・・・・・・・・・・・・・ 88

1 有罪の場合 ・・・・・・・・・・・・・・・・・・・・・・・・・・・・・・・ 88

（1）主刑 ・・・・・・・・・・・・・・・・・・・・・・・・・・・・・・・・・ 90

ア 基本型 ・・・・・・・・・・・・・・・・・・・・・・・・・・・・・ 90

イ 少年に不定期刑を言い渡す場合 ・・・・・・・・・・・・ 90

ウ 併科の場合 ・・・・・・・・・・・・・・・・・・・・・・・・・・ 90

エ 主文が2つになる場合 ・・・・・・・・・・・・・・・・・・ 90

（2）未決勾留日数の算入 ・・・・・・・・・・・・・・・・・・・・・ 90

ア 基本型 ・・・・・・・・・・・・・・・・・・・・・・・・・・・・・ 90

イ 本刑が数個ある場合 ・・・・・・・・・・・・・・・・・・・ 90

ウ 本刑が罰金・科料の場合 ・・・・・・・・・・・・・・・・ 90

エ 刑期・金額の全部に算入する場合 ・・・・・・・・・・ 90

（3）労役場留置 ・・・・・・・・・・・・・・・・・・・・・・・・・・・ 92

ア 基本型 ・・・・・・・・・・・・・・・・・・・・・・・・・・・・・ 92

イ 端数の出る場合 ・・・・・・・・・・・・・・・・・・・・・・ 92

（4）刑の執行猶予 ・・・・・・・・・・・・・・・・・・・・・・・・・ 92

（5）保護観察 ・・・・・・・・・・・・・・・・・・・・・・・・・・・・・ 92

（6）補導処分 ・・・・・・・・・・・・・・・・・・・・・・・・・・・・・ 92

（7）没収 ・・・・・・・・・・・・・・・・・・・・・・・・・・・・・・・・ 92

ア 基本型 ・・・・・・・・・・・・・・・・・・・・・・・・・・・・・ 92

イ 偽造・変造部分の没収 ・・・・・・・・・・・・・・・・・・ 92

ウ　裁判所が押収していない物の没収 ・・・・・・・・・・・・・ 92

エ　犯罪被害財産の没収 ・・・・・・・・・・・・・・・・・・・・・・・・・ 94

（8）追徴 ・・・ 94

ア　基本型 ・・・・・・・・・・・・・・・・・・・・・・・・・・・・・・・・・・・・・・ 94

イ　犯罪被害財産の価額の追徴 ・・・・・・・・・・・・・・・・・ 94

（9）被害者還付 ・・・・・・・・・・・・・・・・・・・・・・・・・・・・・・・・・・・ 94

ア　基本型 ・・・・・・・・・・・・・・・・・・・・・・・・・・・・・・・・・・・・・・ 94

イ　被害者不明の場合 ・・・・・・・・・・・・・・・・・・・・・・・・・・ 94

ウ　被害者が死亡した場合 ・・・・・・・・・・・・・・・・・・・・・ 94

（10）仮納付 ・・・・・・・・・・・・・・・・・・・・・・・・・・・・・・・・・・・・・・ 94

（11）訴訟費用の負担 ・・・・・・・・・・・・・・・・・・・・・・・・・・・・・ 94

（12）刑の執行の減軽又は免除 ・・・・・・・・・・・・・・・・・・・ 96

（13）刑の免除 ・・・・・・・・・・・・・・・・・・・・・・・・・・・・・・・・・・・・ 96

2　無罪・一部無罪の場合 ・・・・・・・・・・・・・・・・・・・・・・・・ 96

（1）無罪 ・・・ 96

（2）一部無罪 ・・・・・・・・・・・・・・・・・・・・・・・・・・・・・・・・・・・・ 96

3　その他の場合 ・・・・・・・・・・・・・・・・・・・・・・・・・・・・・・・・ 96

（1）免訴 ・・・ 96

（2）公訴棄却 ・・・・・・・・・・・・・・・・・・・・・・・・・・・・・・・・・・・・ 96

（3）管轄違い ・・・・・・・・・・・・・・・・・・・・・・・・・・・・・・・・・・・・ 96

第4章　控訴審における判決主文の例 ・・・・・・・・・・・・・・・・ 98

1　控訴棄却・破棄 ・・・・・・・・・・・・・・・・・・・・・・・・・・・・・・ 98

（1）控訴棄却 ・・・・・・・・・・・・・・・・・・・・・・・・・・・・・・・・・・・・ 98

（2）破棄自判 ・・・・・・・・・・・・・・・・・・・・・・・・・・・・・・・・・・・・ 98

（3）破棄差戻し ……………………………………… 98

（4）破棄移送 ……………………………………… 98

2 未決勾留日数の算入 ………………………………… 98

3 訴訟費用の負担 …………………………………… 98

第5章 第一審における判決理由 ……………………………100

1 罪となるべき事実 …………………………………100

（1）不正作出支払用カード電磁的記録供用罪及び
　　窃盗罪の例 ……………………………………100

（2）覚せい剤取締法違反罪の例 ……………………100

（3）大麻取締法違反罪の例 …………………………100

（4）麻薬及び向精神薬取締法違反罪の例 ……………102

（5）売春防止法違反罪の例 …………………………102

（6）強盗致死罪の例 ………………………………102

（7）自動車運転過失傷害罪の例 ……………………104

（8）傷害罪の例 …………………………………106

（9）詐欺罪の例 …………………………………106

（10）殺人罪の例（確定的故意の場合） ……………108

（11）殺人罪の例（未必的故意の場合） ……………108

（12）銃砲刀剣類所持等取締法違反罪の例 …………110

（13）出入国管理及び難民認定法違反罪の例 ………110

（14）窃盗罪（万引）の例 …………………………110

（15）窃盗罪（すり）の例 …………………………112

（16）教唆の例（窃盗） ……………………………112

（17）幇助の例（窃盗） ……………………………112

2	証拠の標目	・・・・・・・・・・・・・・・・・・・・・・・112
3	累犯前科	・・・・・・・・・・・・・・・・・・・・・・・・・114
4	確定判決	・・・・・・・・・・・・・・・・・・・・・・・・・116
5	法令の適用	・・・・・・・・・・・・・・・・・・・・・・・116
6	量刑の理由	・・・・・・・・・・・・・・・・・・・・・・・116

出入国管理及び難民認定法違反の例 ・・・・・・・・・・・・・・116

第6章　控訴審における判決理由 ・・・・・・・・・・・・・・・・・・・・・118

1　理由の冒頭部分 ・・・・・・・・・・・・・・・・・・・・・・・・・・・118

2　理由の本論部分 ・・・・・・・・・・・・・・・・・・・・・・・・・・・118

（1）控訴棄却 ・・・・・・・・・・・・・・・・・・・・・・・・・・・・・118

（2）破棄自判 ・・・・・・・・・・・・・・・・・・・・・・・・・・・・・120

3　法令の適用部分 ・・・・・・・・・・・・・・・・・・・・・・・・・・・122

（1）控訴棄却 ・・・・・・・・・・・・・・・・・・・・・・・・・・・・・122

（2）破棄自判 ・・・・・・・・・・・・・・・・・・・・・・・・・・・・・122

（3）破棄差戻し ・・・・・・・・・・・・・・・・・・・・・・・・・・・124

第4編　法律用語等の対訳 ・・・・・・・・・・・・・・・・・・・・・・・**127**

第1章　法律用語の対訳 ・・・・・・・・・・・・・・・・・・・・・・・・127

第2章　法令名 ・・・・・・・・・・・・・・・・・・・・・・・・・・・・・・166

第3章　罪名 ・・・・・・・・・・・・・・・・・・・・・・・・・・・・・・・・174

資料 ・・・・・・・・・・・・・・・・・・・・・・・・・・・・・・・・・・・・・・185

証拠等関係カードの略語表 ・・・・・・・・・・・・・・・・・・・・・・・・185

第一審手続概要 ・・・・・・・・・・・・・・・・・・・・・・・・・・・・・・187

控訴審手続概要 ・・・・・・・・・・・・・・・・・・・・・・・・・・・・・・189

第1編

刑事裁判手続における通訳人の留意事項

第 1 章

下等脊椎動物におけるLH産生細胞の比較形態学的研究

第1編　刑事裁判手続における通訳人の留意事項

　　ここでは，通訳を必要とする刑事裁判での手続に即して，しばしば問題となる事項又は通訳人が留意すべき事項について説明します。法廷等で使用される用語の訳語については，５５ページの「法廷通訳参考例」又は１２７ページの「法律用語等の対訳」を参照してください。

第1章　一般的注意事項

①Q　法廷通訳は，一般の通訳と比べてどのような特徴がありますか。

A　法廷でのやりとりのうち，証人尋問や被告人質問は，その結果得られた証言や供述が，裁判の証拠として，犯罪事実の認定や刑の量定の基礎になる特に重要なものですから，すべての発言を逐語訳で行う必要があるという特徴があります。例えば，証人が証言内容を発言直後に訂正した場合には，訂正後の内容だけでなく訂正前の内容についてもそのまま通訳してください。

　　法廷での裁判官と検察官，弁護人とのやりとりについては，裁判長が必要な事項を要約することが多いと思われます。通訳すべき範囲を自分で判断するのではなく，裁判長の指示に従って通訳を行ってください。

②Q　通訳人として守らなければならないことは何ですか。

－1－

A　良心に従って誠実に通訳をしてください。通訳をするに当たって，そのことを宣誓していただくことになります。また，裁判は，偏りのない公正な手続で行う必要がありますから，通訳人も，通訳するに当たっては，立場上中立公正さを疑われるような行動をとってはいけません。もしも，被告人や証人と知り合いであるなどの事情がある場合には，直ちに裁判所に申し出てください。

　　また，被告人又はその関係者に対しては，自分の氏名，住所，電話番号を教えないようにし，個人的に接触する機会を与えないでください。一緒に飲食をしたり，贈物を受け取るなどの行為は絶対にしないでください。

　　さらに，裁判の過程で知った事件に関する事項については，絶対に他に漏らさないでください。裁判所や検察官，弁護人から事前に送付を受けた書面については，その保管に注意するとともに，他人の目に触れることのないよう注意してください。

③Q　証人や被告人の発言を逐語訳したり，法廷でのやりとりを記憶しておくのは，大変なことだと思いますが，法廷に立ち会う際，どのような準備，工夫をすればよいですか。

A　法廷に立ち会う際には，自分の記憶だけに頼るのではなく，メモを取っておくことが不可欠です。メモを

取る際には，自分の理解しやすい記号や略語を用いたり，訴訟関係人の発言の順序などについて図式化して記録するなど，適宜工夫をするとよいでしょう。

また，日ごろから，メモ取りをはじめとする様々なトレーニングを行い，通訳スキルの更なる向上を心がけておくことも重要です。

第2章　勾留質問手続

逮捕された被疑者を引き続き留置しようとする場合，検察官は裁判官に対して勾留請求を行います。裁判官は資料を検討し，被疑事実に関する被疑者の言い分を聞いた上で，勾留するかどうか決めることになります。この言い分を聞く手続が勾留質問です。勾留質問は，裁判所の勾留質問室で行われます。被疑者が日本語を理解できない場合には，通訳人を介してこの手続を行うことになります。

Q　通訳人の人定尋問の際，被疑者に通訳人の氏名や住所を知られることはありませんか。被疑者に氏名住所等を知られたくない場合には，どうしたらよいですか。

A　裁判所では，通訳人の氏名，住所などの個人情報について，慎重に取り扱うよう配慮しています。

勾留質問手続においては，裁判官は，通訳人の人定尋問の際，あらかじめ人定事項を記載した書面をもとに「このとおりですね。」などと確認する形で人定尋問を行うのが一般的です。

－3－

念のため事前に裁判所書記官（以下「書記官」といいます。）に対してそのような希望を申し出てください。

第3章　起訴後第1回公判期日前まで

第1節　起訴

刑事裁判は，検察官が裁判所に対して裁判を求めることによって開始されます。これを起訴又は公訴の提起といい，具体的には，検察官が，起訴状を裁判所に提出して行います。起訴状には，被告人の氏名，生年月日，住居など被告人を特定する事項，公訴事実，罪名及び罰条が記載されています。

起訴があると，それまで被疑者に対する被疑事件であったものが被告人に対する被告事件となって，裁判所で審理される状態になります。

第2節　起訴状概要の翻訳文の送付

1　趣旨

裁判所では，起訴があった場合，起訴状の概要を被告人の理解できる言語に翻訳した上，第1回公判期日前のできるだけ早い時期にその翻訳文を被告人に送付するという取扱いを行っています。これは，日本語を理解しない被告人に早期に起訴状の内容を理解させて，被告人の防御権を実質的に保障するとともに，公判審理の充実を図ろうとするものです。

2　実施の方法

起訴状概要の翻訳文を送付する運用を円滑に実施するため，典型的な公訴事実の要旨を翻訳した文例集が作成され，それ

-4-

それの地方裁判所に用意されています。

　裁判所は，翻訳文を送付する際には，通訳人予定者等に，日本語で作成した起訴状記載の公訴事実の要旨，罪名及び罰条について翻訳を依頼し，翻訳文を作成してもらうこともあります。その際，先に述べた翻訳文例の翻訳例を参考にしていただくとよいと思います。出来上がった翻訳文は，裁判所から被告人に送付しています。

　1に記載した趣旨から，翻訳文の作成を依頼された場合には，速やかに翻訳文を作成して提出してください。

　なお，この翻訳料は，通訳人に対する通訳料とは別に，翻訳内容に応じて支給されます。

Q　裁判所から翻訳の依頼があった場合に留意する事項は何ですか。

A　書記官から，翻訳言語，提出期限などを示してお願いしますので，特に提出期限に留意してください。また，担当の書記官の氏名を聞いておくと，疑問点が生じた場合に照会するのに便利です。

第3節　法廷通訳の依頼

　要通訳事件では，適格な通訳人を選任することが極めて重要ですが，適格な通訳人であるためには，十分な語学力を有するとともに，中立公正であることが必要です。

　この点，捜査段階で付された通訳人を法廷における通訳人として選任することについては，裁判の公正に対する無

用の疑念を生じさせたり，捜査段階の通訳人の面前では，取調べ時に供述したことに心理的に影響されて，被告人が公判廷で自由に言い分を言えないおそれも考えられることから，法廷通訳には，できる限り捜査段階の通訳人と別の通訳人を選任することが望ましいと考えています。実際にも特段の事情のある場合を除き，別の通訳人を選任する運用がされています。

---

①Q　裁判所から通訳の依頼があった場合に確認しておく事項は何ですか。

　A　①裁判所名，②担当裁判部と書記官の氏名，③内線番号，④通訳言語，⑤事件名，⑥被告人の氏名，⑦公判期日，⑧公判の予定所要時間，⑨弁護人が決まっていればその氏名と連絡先，⑩弁護人の国選，私選の別，⑪公判前整理手続や，即決裁判手続による審理が予定されているか，⑫裁判員の参加する裁判（以下「裁判員裁判」といいます。）であるかどうかなどを確認しておくとよいと思います。また，被告人が複数になると公判時間が長くなるとともに別々の日時に接見に同行することになるため，時間を要することに留意してください。

---

②Q　捜査段階で通訳した事件について法廷通訳を依頼された場合にはどうしたらよいですか。また，捜査段階で共犯者の通訳を行っている場合はどうですか。

-6-

A　裁判所は，捜査段階でどのような通訳人が付いたの
かを知らないのが通常です。したがって，まずその旨
を書記官に伝えてください。そのような場合には基本
的には他の通訳人に依頼することになりますが，他に
適格な通訳人の確保が困難な場合には通訳を再度依頼
することもあります。その場合には御協力をお願いし
ます。なお，共犯者の通訳の場合も基本的には同様で
す。

第4節　公判前整理手続

　公判前整理手続とは，充実した公判審理を集中的・連日
的に行うことを目的として，裁判所が，検察官及び弁護人
の出席のもとで行う非公開の手続をいいます（事案によっ
ては，検察官及び弁護人が出席せず，書面のやりとりによ
って行うこともあります。）。

　公判前整理手続は，裁判員対象事件では必ず実施されま
すし，それ以外の事件では，裁判所が，充実した審理を集
中的・連日的に行うために必要であると認めた場合に実施
されます。そこでは，①事件の争点は何なのか，②公判に
おいて，どの証拠を，どういった順序で取り調べるのか，
③公判期日をいつ行い，その期日での具体的な進行はどう
するのかなどといったことが決められます。

　公判前整理手続においては，被告人は，裁判所が特に出
頭を求めない限り，その期日に出頭する義務はありません。
したがって，被告人が期日への出頭を希望せず，裁判所で

－7－

も特に出頭を求めない場合には，被告人不出頭のままで行われます。

①Q　公判前整理手続で通訳を行うことはありますか。

　A　公判前整理手続期日に日本語を理解しない被告人が出頭する場合には，そこで行われた手続について通訳を行うことになります。なお，被告人が出頭しない公判前整理手続期日について通訳を依頼することはありませんが，期日直前になって被告人が出頭することになった場合には，急に通訳を依頼することもありますので，その場合には御協力をお願いします。

②Q　公判前整理手続では，公判審理に比べて，通訳はかなり困難なものになるのではないですか。

　A　従前の公判審理に比べて，難しい手続が行われるわけではありませんが，事案によっては，裁判所と当事者との間で，専門的な法律用語を用いた細かいやりとりがされることもあります。そのような場合，通訳のやり方について，あらかじめ裁判所と相談しておくとよいでしょう。

③Q　公判前整理手続が実施された事件の審理について，通常の事件と異なる点はありますか。

　A　公判前整理手続が実施された事件では，その後の公判期日において，検察官の冒頭陳述の終了後，弁護人

－8－

の冒頭陳述（弁護側の主張があるとき）及び公判前整理手続の結果を明らかにする手続（66ページの参考例参照）が行われます。

　　また，証拠申請やこれに対する意見の聴取，証拠を取り調べるかどうかなどに関する裁判所の決定は，通常，公判前整理手続で既に行われているため，冒頭陳述や結果顕出の手続が終了した後は，引き続き証拠の取調べが行われます。

第5節　第1回公判期日の指定

　　裁判所が公判の期日を指定する際には，あらかじめ通訳人との間で日程の調整を行った上で期日の指定を行っています。

　　また，弁護人は，第1回公判期日前（公判前整理手続期日が開かれる場合には，その第1回期日前）に被告人と接見し，日本の刑事裁判手続や起訴状の内容等を説明するとともに，事件について打合せをする必要がありますので，裁判所は，それらに要する日数にも配慮して期日を指定しています。

Q　期日の打合せをする上で留意すべき事項は何ですか。

A　公判後に予定を入れている場合等で時間に制約があるときには，「何時から次の予定が入っていますから，何時までしかできません。」というふうに，具体的に書記官に伝えてください。また，その期日については通訳を

することが可能な場合でも，その期日の直後から旅行に出かけるとか，他の仕事の関係などでしばらく法廷通訳を引き受けられない場合には，「いつからいつまでは引き受けられません。」ということを，事件の依頼があった際にはっきり伝えてください。

第6節　裁判所と通訳人との連絡及び通訳人の事前準備

　通訳人として選任されることが決まった場合には，書記官から，第1回公判期日の通知（公判前整理手続期日に被告人が出頭する場合には，その期日の通知）がされるとともに，当該期日に在廷してほしいという依頼があります。また，法廷通訳の準備のために，起訴状写しを郵便等で送付します（公判前整理手続の場合には，当事者から提出された書面が送付される場合もあります。）。裁判所によっては，起訴状写しなどとともに，裁判部（裁判官名），書記官名，裁判部の電話番号，被告人の勾留場所，裁判所の近辺の地図等の必要事項を記載した事務連絡文書を送付することもあります。

　なお，第1回公判期日前には，通訳人の準備のために検察官が作成した冒頭陳述書又は冒頭陳述メモ，書証の朗読（要旨の告知）のためのメモ（結審予定の場合には，さらに検察官作成の論告要旨，弁護人作成の弁論要旨）が交付されるのが一般的です。

①Q　法廷通訳の経験のない通訳人の場合，事前の準備と

－10－

してどのようなことが考えられますか。

A　事前に他の事件の法廷傍聴をしておくこと，法廷通訳ハンドブックを読むなどして勉強しておくこと，刑事裁判手続を分かりやすく説明した外国人事件用ビデオを裁判所で見せてもらうこと，裁判官又は書記官から手続の説明を受ける機会があればそれも活用することなどにより，刑事裁判手続の流れや法律用語などについて勉強しておくのがよいでしょう。また，冒頭陳述書等をできるだけ早く入手できるように，書記官から検察官や弁護人に伝えてもらうとよいでしょう。さらに，法廷に立ち会う際には，メモ取りの準備をしておくことが不可欠ですし，日ごろから通訳スキルを磨くための様々なトレーニングをしておくことも重要です（第1編第1章③Q＆A（2ページ）参照）。

②Q　通訳の準備のために，検察庁に事件の記録を見に行くことはできますか。

A　公判前の段階では，事件に関する書類は非公開とされていますから，一般的には見ることはできません。

③Q　どのような書面が事前に通訳人に交付されていますか。

A　事件によって異なりますが，一般的には，冒頭陳述書又は冒頭陳述メモ，書証の朗読（要旨の告知）のためのメモ，論告要旨，弁論要旨が交付されています。

なお，このように通訳人には準備のため訴訟に関する書面が交付されますが，これらの書面は一切他に見せてはいけません。

④Q　事前に交付された書面によく分からない点がある場合にはどうしたらよいですか。

　A　書面を作成した検察官，弁護人に確認することが望ましいと思われます。一般的な法律用語の意味の確認程度であれば，とりあえず書記官に確認するということでもよいでしょう。

　　なお，法廷で提出される前の段階では，このような書面は，裁判所の手元にはないことを承知しておいてください。

第7節　弁護人の接見への同行

　外国人被告人の場合，日本の裁判制度に対する知識がほとんどないことが原因で不安に陥ることが少なくありません。弁護人はその職務として，起訴後できるだけ早い時期に被告人と接見し，起訴状の内容を説明して言い分を聴くとともに，日本の裁判制度等についても十分に説明することが求められています。

　そこで，国選弁護事件においては，裁判所では弁護人に対して，あらかじめ通訳人予定者の氏名，電話番号等を通知し，弁護人が希望すれば通訳人予定者を接見に同行できるように配慮することにしています。

－12－

また，一定の事件については，起訴される前の段階で，被疑者の請求により国選弁護人が選任されることがあります。この場合には，国選弁護人や国選弁護人の候補者の指名等に関する業務を行う日本司法支援センター（法テラス）から，接見への同行を依頼されることがあります。

　したがって，裁判所や国選弁護人等からそのような依頼があれば，御協力をお願いします。

　なお，国選弁護事件において，弁護人の接見に通訳人が同行した場合には，弁護人から報酬や費用の支払を受けることができます。

---

①Q　弁護人の接見に同席した場合に留意すべき事項は何ですか。

　A　被告人から尋ねられても，絶対に自己の氏名や連絡先を教えてはいけません。被告人から理由を尋ねられた場合には，「教えてはいけないことになっています。」と答えてください。

　　また，弁護人にも通訳人の氏名等を被告人に対して紹介することのないよう話をしておくとよいでしょう。

　　さらに，接見の際に，被告人の話し方の癖等を把握しておくと，法廷通訳をする際に役立ちます。

---

②Q　接見の通訳をした際に，アクセントが強かったり，方言が交じっていたりして被告人の話す言葉が分かりづらかったり，逆に被告人が通訳人の通訳内容を理解

していないと思われた場合には，どうしたらよいです
か。

A　弁護人にその旨を告げるとともに，書記官にもその
ことを伝えてください。コミュニケーションがどの程
度取れているのか，取りにくい原因は何かなどを考慮
して，裁判官が，被告人にゆっくりあるいは繰り返し
話すように促すことでまかなえるかどうか，又は通訳
人の交替をしてもらうかなどの措置を検討することに
なります。

③Q　被告人が他の言語の通訳を希望している場合にはど
うしたらよいですか。

A　被告人の希望を書記官に伝えてください。同時に，
そのままの言語でも意思疎通が可能である場合にはそ
のことを伝えるとともに，その程度などについても伝
えてください。

④Q　被告人から，裁判の見通しについて尋ねられた場合
にはどうすればよいですか。

A　「通訳人はそのような質問に答えてはいけないこと
になっています。弁護人に相談してください。」と答
えるべきです。勝手に見通しを告げることはしないで
ください。

⑤Q　被告人から，家族に手紙を渡してほしいとか，差し

-14-

入れをするように家族に頼んでほしいというようなことを頼まれた場合にはどうしたらよいですか。

A 「通訳人はそのようなことをしてはいけないことになっています。弁護人に相談してください。」と答えるべきです。

⑥Q 弁護人から，被告人に差し入れをするよう被告人の家族に頼んでほしいと依頼された場合にはどうしたらよいでしょうか。

A 自分で依頼の適否について判断するのではなく，「裁判所に確認を取ってからでないとできませんので，裁判所に依頼の趣旨を伝え，確認を取ってください。」と言ってください。

⑦Q 被疑者段階での接見に同行した場合と，起訴後の接見に同行した場合とで，留意すべき点に違いはありますか。

A 基本的には，どちらの接見においても留意点に違いはありません。

ただし，被疑者段階では，事件はまだ裁判所において審理すべき状態にあるわけではないので，裁判官や書記官から具体的な指示を受けることはできません。

疑問点が生じた場合には，適宜弁護人に相談して，その指示を受けてください。

⑧Q 接見に同行した後に留意すべき事項がありますか。

－15－

A 被疑者や被告人には，接見交通権といって，立会人なくして弁護人と接見する権利が認められています。

そして，通訳人は特別に接見に同行することを許されているのですから，接見の際に交わされた被疑者又は被告人と弁護人とのやりとりを外部に漏らすようなことは，絶対に慎んでください。

このことは，裁判官や書記官に対してであっても同じです。

第4章　公判手続
第1節　法廷通訳一般

①Q　通訳をする際には，直接話法（・・・です。）の形で通訳をすべきでしょうか，間接話法（・・・だそうです。）の形で通訳をすべきでしょうか。

A　話者が話した内容で通訳すべきですから，直接話法の形で通訳してください。

②Q　被告人等が発言しない場合には，通訳人から発言するように促すべきでしょうか。

A　通訳人は法廷で自ら発言することは原則的にないと心得ておいてください。特に被告人には，黙秘権がありますから，勝手に発言を促すようなことをしてはいけません。

③Q　連続して行う通訳時間について希望がある場合に
　　はどうしたらよいですか。また，通訳中に休憩を取
　　りたい場合にはどうしたらよいですか。

　A　通訳人の方からは，1時間半から2時間くらいで
　　休憩を入れてほしいという意見が多いようです。経
　　験が少ない通訳人の場合には，もっと短い時間で休
　　憩が必要になることも考えられます。要望があれば，
　　事前に書記官に伝えておいてください。また，疲労
　　が激しい場合などには，開廷中であっても書記官に
　　そのことを告げて裁判官に伝えてもらうとよいでし
　　ょう。

④Q　被告人から不信感を持たれているなどの問題があ
　　ると感じた場合には，どうしたらよいですか。

　A　信頼関係に問題があると感じる場合には，書記官
　　にそのことを伝えてください。不信感の背景には，
　　例えば被告人が日本の裁判制度を誤解していること
　　が原因になっていることもあります。その場合には，
　　裁判官や弁護人から被告人に対し，日本の裁判制度
　　について説明することになります。

⑤Q　法制度，習慣，文化の異なる被告人の通訳を行う
　　に当たって，配慮すべき事項がありますか。

　A　法制度や歴史的背景の違い等から，被告人が通訳
　　人に対し敵対心を持つことや，逆に被告人の言おう

－17－

とする本当の意味が分からないことがあると思われます。したがって，法廷通訳を行うに当たっては，語学的な面だけでなく，その国の文化や法制度等を理解するよう日ごろから努めてください。

⑥Q　被告人の陳述について，配慮すべきことがありますか。特に罪状認否についてはどうですか。

　A　裁判所も留意していますが，被告人によっては，陳述の際，一度にたくさん話し出すことがありますので，法廷に入ったらすぐにメモの準備をしておくことなどが必要です。

　　　特に罪状認否は重要な手続ですので，慎重に通訳をする必要があります。被告人がうなずいた場合にも安易に「はい。」と通訳をするようなことは避けてください。

⑦Q　被告人が，弁護人の接見の際と異なることを述べた場合にはどうすればよいですか。

　A　証拠となるのは，公判廷での発言ですから，接見の際の内容にかかわらず忠実に通訳すべきです。この場合には，接見の際の被告人の発言に影響されるようなことがあってはいけません。

⑧Q　書面を事前に交付された場合には，どのようなことに留意したらよいですか。

－18－

A　分からない法律用語，読めない地名，人名等があ
る場合には早めに尋ねておく必要があります。書証
の要旨の告知のために証拠等関係カードが交付され
ている場合には，略語表（１８５ページ参照）で書
証の表題を確認しておくとよいでしょう。

ただ，事件の進行によっては，事前に交付された
書面の内容が変更されることがありますので，柔軟
に対応する必要があります。

第2節　開廷前の準備

開廷前には，裁判官又は書記官と通訳人との間で，その
期日に予定された手続を確認するとともに，必要な書類や
送付した書類等が手元に届いているかどうか確認すること
もあります。この際に書類の中に分からない用語がある場
合には，説明を求めるとよいでしょう。

なお，通訳人には守秘義務がありますから，これらの書
類の取扱いには細心の注意を払ってください。

①Q　開廷前に準備しておく必要のあるものは何ですか。
A　早めに書記官室へ行って（直接法廷に行くように言
われる場合もあります。），宣誓書の署名，出頭カー
ドの記載，報酬関係の書類への記載をする必要があり
ます。印鑑を持っている方は，このときに使いますの
で，印鑑を持参してください。

－19－

②Q　開廷前の時間はどのように過ごすとよいでしょうか。

　A　早めに法廷に行って，自分の座る位置を確認し，メモや起訴状等の書面を通訳する順序に重ねておくなどの準備をしておくと落ち着いて通訳できるでしょう。

　　なお，開廷前に勝手に被告人や被告人の関係者と話をしないようにしてください。

第3節　公判廷での手続

1　通訳人の宣誓等

　まず，裁判官が，通訳人が本人であるか否かを確認する手続（人定尋問）を行います。

　続いて，宣誓していただきます。宣誓書を手に持って，声を出して読んでください。宣誓する場所については，裁判官の指示に従ってください。

Q　通訳人の宣誓の際に氏名住所等を言いたくない場合にはどうすればよいですか。

A　勾留質問の際と同様，あらかじめ人定事項を記載した書面をもとに，裁判官が「このカードに記載されているとおりですね。」と尋ねるのが一般的です。

　念のため，事前に書記官にその旨を伝えておいてください。

2　被告人に対する宣誓手続等についての説明

　裁判官の指示に従って，被告人に対し，自分がこの裁判に

おいて裁判所から通訳を命じられたこと，そして誠実に通訳することを宣誓した旨を告げてください。

なお，これ以降は，着席のまま通訳していただいて差し支えありません。

3　被告人の人定質問

裁判官は，被告人に対して，証言台の前に進み出るよう命じ，氏名，生年月日，国籍，日本における住居及び職業を尋ねます。

4　起訴状朗読

検察官が起訴状記載の公訴事実，罪名及び罰条を朗読します。

なお，性犯罪等の事件については，起訴状に記載されている被害者の氏名や住所などの被害者を特定させる事項を法廷において明らかにしない旨の決定（以下「被害者特定事項の秘匿決定」といいます。）がされることがあります。この場合には，起訴状に記載されている被害者の氏名や住所等は明らかにされず，「被害者に対し」であるとか，「○○市内の被害者方において」などと朗読されます。

①Q　起訴状につき，外国語に的確な訳語がない場合はどのようにすればよいですか。

A　起訴状朗読では，起訴状に記載されている内容を忠実に通訳する必要がありますが，中にはぴったりと当てはまる訳語がない場合もあります。そのような場合には，説明を付加して訳さざるを得ないことになります。用語

の意味内容について不安がある場合には，事前に書記官に相談してください。

②Q　被害者特定事項の秘匿決定がされた場合には，検察官が朗読したとおりに通訳すべきですか。それとも，起訴状に記載されている内容のとおり通訳すべきですか。
　A　必ず検察官が朗読したとおりに通訳してください。被告人には，起訴状朗読後に起訴状及び起訴状概要の翻訳文が示されますので，朗読されなかった部分を通訳する必要はありません。

5　黙秘権の告知

　裁判官が被告人に対し，黙秘権を告知します。

6　事件に対する被告人の陳述

　裁判官が被告人に対し，公訴事実についての認否を尋ねます。

7　弁護人の意見

　裁判官が，公訴事実について，弁護人に意見を求めます。これが終わると，被告人は，裁判官の指示で着席します。

8　ワイヤレス通訳システムの利用

　ワイヤレス通訳システムとは，送信機を装着した通訳人が小声で通訳を行い，それを受信機のイヤホンを通じて被告人に伝える装置です。公判廷における日本語での発言のうち，事前に通訳人に書面が交付された手続部分について，日本語での発言に並行して，あらかじめ準備した通訳内容を伝える

形で同時進行的な通訳ができるようにするものです。したがって,このシステムはいわゆる同時通訳とは異なるものです。

　これにより,手続を中断することなく,被告人に通訳内容を伝えることができることになるため,審理時間の短縮,ひいては通訳人の負担の軽減を図ることができるとともに,短縮された時間を証人尋問や被告人質問に充てて審理の充実を図ることができます。

　このシステムは,法廷では次のように運用されています。

(1)　通訳人が送信機を,被告人が受信機を,それぞれ使用する。

(2)　冒頭陳述,書証の要旨の告知,論告,弁論などのように,検察官又は弁護人があらかじめ準備し,通訳人に交付してあった書面を法廷においてそのまま朗読する手続に使用し,起訴状朗読,証人尋問,被告人質問及び判決宣告には使用しない。

---

①Q　ワイヤレス通訳システムを利用する場合に,通訳人として留意すべき事項は何ですか。

　A　まず,事前に交付された書面の内容を通訳できるように十分に準備をしておく必要があります。

　　　また,被告人がワイヤレス通訳システムの使用を拒んでいるときは,その旨裁判所に伝えてください。

　　　当該機器はささやくような声で話をしても被告人に聞こえるようになっています。できる限り声を落として通訳してください。

②Q　ワイヤレス通訳システムを使用する際には，検察官や弁護人が書面を読む速度に合わせて該当部分を通訳すべきですか。

A　書面の内容を通訳するわけですから，検察官や弁護人が書面を読む速度に合わせる必要はありません。むしろ，被告人に書面の内容を理解させる速度で通訳をすることが重要です。

9　証拠調べ手続

(1)　冒頭陳述

「この裁判で検察官が証拠により証明しようとする事実は，以下のとおりである。」などと告げた後，検察官が冒頭陳述を行います。

なお，公判前整理手続が実施された場合で，弁護側の主張があるときには，検察官の冒頭陳述の後に弁護人の冒頭陳述が行われ，引き続き公判前整理手続の結果を明らかにする手続が行われます（66ページの参考例参照）。この場合，証拠申請等に関する以下の(2)から(4)の手続は，通常，公判前整理手続の中で既に行われているため，この後は(5)の証拠の取調べが行われることになります。

Q　冒頭陳述は一括して通訳するのでしょうか，それとも一文ごとに区切って通訳するのでしょうか。

A　一括して通訳する場合が多いと思われますが，書面が事前に交付されていないような場合には，一文ごとに通

訳をすることもあります。

(2) 検察官からの証拠申請

通常，冒頭陳述に引き続いて検察官が「以上の事実を立証するため証拠等関係カード記載の証拠を申請します。」などと述べます。

(3) 検察官の証拠申請に対する弁護人の意見

検察官の証拠申請に対して，弁護人が同意，不同意などの意見を述べます。同意，不同意という言葉は通常の日本語の意味とは異なる意味を持つものですから，その意味をしっかりと理解しておく必要があります。

また，この際に具体的な事実を示して，信用性がないとか，違法収集証拠であるというような主張がされることもありますので，メモを取る準備をしておく必要があります。

(4) 裁判所の証拠採否（証拠を採用するか却下するか）の決定

弁護人の同意がない限り，原則として証拠書類については，証拠調べをすることはできません。裁判所は，弁護人が同意した証拠書類について，必要性や相当性を判断した上，証拠として取り調べることを決定します。弁護人が不同意とした証拠については，それに代えて，証人尋問の請求がされることもあります。

(5) 採用された証拠の取調べ

ア　証拠書類の内容の要旨の告知（又は朗読）

交付された証拠等関係カードのうち採用された証拠書

－25－

類については，検察官が要旨を告知（又は朗読）するので，
その順に，その内容を通訳してください。

 イ 証拠物の展示

  証拠物の取調べは，検察官が採用された証拠物を法廷
で示すことによって行いますが，このとき被告人に対す
る質問をする場合があります。すなわち，被告人が，裁
判官の指示により証言台に進み出た後，検察官は被告人
に対し，「検察官請求証拠番号○○番の・・・・を示
す。」と述べ，「あなたは，この・・・・に見覚えがあ
りますか。これはあなたの物ですか。」などと質問しま
す。

(6) 証人尋問

 ア 証人の宣誓及び虚偽の証言に対する注意

  証人が宣誓した後，裁判官から証人に対して，虚偽の
証言をすると偽証罪で処罰される旨の告知があります。

 イ 通訳の方法

  (ｱ) 外国語を使用する証人の場合

   a 被告人と同じ言語の場合

    日本語の尋問→通訳→証人の供述→通訳の順に行
います。

   b 被告人と異なる言語の場合（次の2通りがありま
す。）

    (a) 日本語の尋問→証人に対する尋問の通訳→被告
     人のための尋問の通訳→証人の供述→日本語への
     通訳→被告人のための供述の通訳の順に行う方法

(b)　日本語の尋問→証人に対する尋問の通訳→証人の供述→日本語への通訳→被告人のための尋問と供述の通訳の順に行う方法

　　(a)の方法が原則ですが，この方法では，通訳の間に，証人が質問の内容を忘れてしまうことなどもありますので，これに代えて，(b)の方法を採ることもあります。

(イ)　日本語を使用する証人の場合（次の2通りがあります。）

a　日本語の尋問→通訳→証人の供述→通訳の順に行う方法

b　日本語の尋問→証人の供述→尋問と供述の通訳を行う方法

　　aの方法が原則ですが，前記(ア) bと同じ理由でbの方法を採ることも多いようです。

　　なお，情状証人の場合には，ある程度尋問と供述を続けた後，裁判官が通訳人に供述の要旨を告知し，まとめて通訳してもらうこともあります。

ウ　証人の不安や緊張等を緩和するための措置

　犯罪によって被害を受けた方等が証人として証言する場合，不安や緊張を緩和するため，次のような措置をとることが認められています。

(ア)　証言をする際，家族等に付き添ってもらうことができます（付添い）。

(イ)　証人と被告人や傍聴席との間について立てなどを置

－27－

き，被告人や傍聴席の視線を気にせず証言することができます（遮へい）。

(ウ) 事件によっては，法廷とテレビ回線で結ばれた別室で証言することもできます（ビデオリンク）。

なお，遮へいの措置をとった際に，被告人の様子が見えにくく，通訳をするに当たって支障がある場合には，裁判官に申し出てください。被告人の着席位置を変更したり，つい立ての位置を調整するなど，裁判官が適宜判断し，対処することになります。

---

①Q　質問とそれに対する答えがちぐはぐになった場合には，答えをそのまま訳すべきですか，それとも，もう一度聞き直すべきですか。

　A　ちぐはぐのまま通訳してください。気になるようなら裁判官に，「かみ合っていませんけれども通訳としてはそのまま伝えます。」と告げるとよいでしょう。

---

②Q　質問の意味が不明瞭であったり，同音異義語でどちらの意味かはっきりしないような場合にはどうすればよいのですか。

　A　裁判官の許可を得て確認すべきです。

---

③Q　証人の発言等について，重要でないと思われる部分については通訳を省略してよいですか。

-28-

A　省略してはいけません。できる限り忠実に通訳し
てください。一部を省略したり内容をまとめたりす
ることはしないでください。

④Q　証人尋問の通訳を行う際には，どのような態度で
行えばよいですか。
A　証人に対して中立な立場で接し，その証言等に対
して，仮に不信や同情等を感じても，表情に出さな
いようにしてください。

⑤Q　証人があいまいな返事をしたり，証言をしている
途中で，言い直しをした場合には，どのように通訳
すべきですか。
A　そのまま通訳をすべきです。内容を明確にさせる
ためや供述の矛盾を整理するため聞き直して供述を
引き出したり，通訳人が勝手に解釈して断定的な通
訳をしてはいけません。

⑥Q　証人の答えが長すぎて通訳しにくい場合には，ど
うしたらよいですか。
A　手を上げるなどして，裁判官に答えが長すぎて通
訳しにくいことを伝えてください。そうすれば，裁
判官が答えを一文ずつ区切って通訳するように指示
したり，尋問者に対して問いを工夫してもらうよう
指示するなど，適宜判断し，対応してくれます。

－29－

⑦Q　証言の内容が高度に専門的，技術的であるなどの
　　理由により，そのまま通訳をすることに無理がある
　　と感じた場合には，どうしたらよいですか。
　A　直ちにそのことを裁判官に告げてください。分か
　　る部分だけを通訳するようなことは，しないでくだ
　　さい。
　　　可能であれば平易な内容に証言をし直してもらう
　　などの措置を採ることになります。

⑧Q　証人との間で，アクセントや方言のためにコミュ
　　ニケーションが取りづらいときには，どうしたらよ
　　いですか。
　A　直ちにそのことを裁判官に告げて，指示を待って
　　ください。程度にもよりますが，ゆっくり証言させ
　　たり，繰り返し証言することにより手当てができる
　　のであれば，そのような方法を採ることになります。

⑨Q　通訳をする際には，発言者の表現を忠実に再現す
　　るべきですか。
　A　発言者と同じ表現を使ってください。例えば丁寧
　　語を用いるなどして表現方法を改めるようなことは
　　しないでください。

⑩Q　証言の途中で，例えば大きさや高さや量を示すた
　　めに，証人が身振り手振りをした場合には，身振り

－30－

手振りも含めて通訳すべきですか。

A　言葉だけを通訳すればよく，身振り等を繰り返す必要はありません。

---

⑪Q　答えが聞き取れないなどの理由により，答えを繰り返してほしいと思ったときはどうすべきですか。

A　裁判官に，「聞き取れませんでしたので，証人に答えを繰り返すように頼んでもいいですか。」と断ってから頼んでください。

---

⑫Q　尋問に対して異議が出された場合には，どのようにしたらよいですか。

A　異議に対する意見，判断などの一連のやりとりを逐一通訳するのか，あるいは，やりとりが終わった後に裁判官が通訳すべき範囲をまとめて，それに従って通訳するのかなど，裁判官の指示に従って対応してください。ただ，一連のやりとりは，メモに取っておくとよいでしょう。

---

⑬Q　証言中の語句，言い回し等を理解できない場合や，通訳できない場合にはどうしたらよいですか。

A　証言の繰り返しや別の言葉での表現を頼んでよいかについて裁判官の許可を得てください。

---

⑭Q　証人等が人数や性別がはっきりしない代名詞を使った場合には，どうしたらよいですか。

A　そのために完全な通訳ができないことを裁判官に告げて，その部分をはっきりさせるように質問してよいかどうかの許可を得てください。

⑮Q　質問者が名前や数字を間違って質問している場合でもそのまま通訳すべきですか。

A　そのまま通訳すべきです。誤りの指摘や訂正についても裁判官や検察官，弁護人に任せてください。

　　ただ，明らかに誤解に基づく場合で，だれも気が付いていないと思われるときには，その旨を裁判官に指摘してください。

⑯Q　通訳に関し，正確性について疑問がある旨の指摘を受けた場合にはどうしたらよいですか。

A　裁判官の指示を待ってください。裁判官の許可があるまで，正確性について自分の意見を述べるのは差し控えてください。通常，裁判官は，問題とされた供述等を引き出す発問からやり直してもらい，あるいは発問の仕方を変えて平易な表現でその点を聞き直させることにより処理する場合が多いと思われます。

⑰Q　質問や発言の中に寸法や重量，外国通貨の量が含まれている場合には，日本のそれらのものに換算すべきですか。

－32－

A 自分で換算する必要はありません。換算は，基本的には裁判官，検察官又は弁護人が行います。

　暦についても一度そのまま通訳してください。その後，換算に関するやりとりがあった場合にはそれを通訳し，また，裁判官から西暦等に換算した上で通訳するように指示された場合には，それに従ってください。

⑱Q　図面を利用した尋問等の場合に，留意する事項は何ですか。

A　被告人が「ここ。」とか「あそこ。」と発言した場合でもそのとおり通訳する必要があります。また，複雑な尋問の場合には，書記官に頼んで図面の写しを準備してもらうとよいでしょう。

⑲Q　仲間うちでだけ用いられる特殊な用語が使用された場合には，通常の言葉に直して通訳すべきですか。

A　そのまま通訳する必要があります。そして，必要があれば裁判官等が続けて質問しますので，それを待つべきです。

⑳Q　鑑定証人の尋問の場合に留意すべき事項は何ですか。

A　難しい専門用語を通訳する必要がありますので，あらかじめ尋問の際に使用すると思われる用語につ

いては調べておく必要があります。また，尋問の中に理解できない言葉がある場合には，遠慮なく申し出てください。専門用語を調べる時間が必要な場合には，その旨申し出てもよいでしょう。

10　被告人質問

被告人は，宣誓することはありません。なお，通訳は，日本語の質問→通訳→被告人の供述→通訳の順序で行うのが一般的です。

①Q　被告人が質問の内容を理解していないと思われる場合にはどうしたらよいですか。
　A　通訳人の判断で被告人に説明したりせず，よく理解できていないということを裁判官に告げてください。

②Q　被告人が個人的に話しかけてきた場合にはどうすべきですか。
　A　会話に応じないで，身振りなどで，会話はできないことを示してください。実際に話しかけられた場合は，その内容を裁判官に伝えてください。

11　論告

検察官の事件に関する最終的な意見が述べられます。検察官から事前に「論告要旨」と題する書面（ただし，求刑部分を空欄としたもの）が交付されるのが一般的です。書面が交

－34－

付されている場合には，検察官の意見陳述後に，この書面に基づいて通訳してください。また，この場合には，ワイヤレス通訳システムを利用することが多いと思われます。

なお，被告人が求刑の意味を理解していない場合には，裁判官が補足説明をすることがあり，その場合には，それを通訳することになります。

Q　論告の際に留意する事項は何ですか。

A　求刑は，あくまでも検察官の意見ですが，判決を宣告されたと誤解する被告人も多いです。通訳人の方もこの点についてはよく理解しておいてください。

　なお，論告要旨が事前に交付される場合でも，求刑のところは空欄になっている場合がほとんどです。したがって，求刑についてはその場で検察官が述べた内容を正確に聞き取り，通訳するようにしてください。聞き漏らした場合には，検察官に確認してください。

12　弁護人による弁論

　弁護人の事件に関する最終的な意見が述べられます。弁護人からあらかじめ「弁論要旨」又は「弁論メモ」と題する書面が通訳人に交付され，通訳はこれに基づいて行うのが一般的です。弁論要旨等を事前に交付してある場合には，ワイヤレス通訳システムを使用することが多いと思われます。

　弁護人が，弁論要旨等を事前に準備していないときは，弁護人は通訳できるよう適当な範囲で区切って弁論し，通訳人

は順次通訳する運用になることが多いと思われます。

Q　ワイヤレス通訳システムを使用する論告・弁論の手続で，検察官が被告人の弁解内容に対応して，事前に交付した論告要旨の書面の内容を一部訂正，追加したり，弁護人が論告の内容に対応して弁論要旨の内容を同様に変更した場合にはどうしたらよいですか。

A　検察官又は弁護人が訂正，追加した部分を通訳人に指摘しますので，それに基づいて通訳することになります。

13　被告人の最終陳述

　裁判官が，被告人に対し，「これで審理を終えますが，最後に何か言いたいことがありますか。」などと尋ねます。被告人は，証言台に進み出て陳述する場合がありますので，その内容を通訳してください。

14　次回期日の指定

　裁判官が次回期日を指定しますので，その期日と，次回期日に何を行うかについて，裁判官の説明したことを通訳してください。被告人の最終陳述が終わっていれば，次回期日には判決が言い渡されることになります。

　続行期日，判決宣告期日を指定する際には，通訳人と調整して期日を指定することになります。特に，継続して開廷する場合には，通訳人との関係で期日を一括指定することもありますから，自分の都合を何か月か先まで正確に把握しておく必要があります。

15 判決宣告の手続

判決宣告の手続については，法廷通訳参考例（８４ペー
ジ）を参考にしてください。

判決書の内容は事前に外部に漏れると困りますので，当日
までは見ることができません。ただ，判決を正確に通訳でき
るようにするため，通訳人用の判決要旨，判決写しを作成し，
裁判所によっては，これを判決宣告期日の開廷１０分ないし
３０分くらい前に通訳人に交付し，事前に目を通してもらう
といった運用もされています。この場合に，判決要旨等を交
付した後は書記官室から出ないようにしてもらっているよう
です。裁判所がどのような方法を採っているのかを確認する
とよいでしょう。また，判決の要旨等がないと通訳に不安が
ある場合には，あらかじめ書記官にその旨を申し出るとよい
でしょう。

いずれにしても，判決宣告期日には少し余裕をもって裁判
所に行くとよいでしょう。

なお，判決宣告手続にはワイヤレス通訳システムは使用し
ない取扱いです。

---

①Q　判決宣告期日の公判に要する時間は，どれくらいを予
定しておけばよいですか。

A　事件によって異なりますので，裁判官にどの程度時間
を取っておけばよいか確認してください。

一般的には，被告人が否認している事件は，自白事件
よりも時間を要することになります。

-37-

さらに，判決宣告期日に弁論を再開して証拠調べ等を行うこともありますので，注意してください。

②Q　執行猶予の説明を通訳する際に留意すべき事項は何ですか。

A　執行猶予の説明は，被告人には分かりにくい面がありますので，裁判官もできるだけ分かりやすい説明をするように心掛けています（86ページの参考例参照）。それでも被告人が理解していないと思われる場合には，裁判官にそのことを告げてください。

③Q　未決勾留日数の刑への算入の説明を通訳する際に留意すべき事項は何ですか。

A　未決勾留日数の刑への算入の説明も被告人には分かりにくいようですので，裁判官は分かりやすい説明を心掛けています（86ページの参考例参照）。通訳人においても書記官に尋ねるなどして内容をよく理解しておいてください。

16　上訴期間等の告知

有罪の判決の場合には，裁判官は被告人に対して上訴期間及び上訴申立書を差し出すべき裁判所を告知します。

17　即決裁判手続

即決裁判手続とは，争いのない明白軽微な一定の事件について，検察官からの申立てにより，裁判所が決定に基づいて

行う手続です。この手続には，①起訴されてから公判期日までの期間が短いこと（できる限り，起訴後１４日以内の日に公判期日を指定することとされています。），②一般の公判手続と比べ，簡略な方法で証拠調べが行われること，③原則として，即日判決が言い渡され，その判決において懲役又は禁錮の言渡しをする場合には，必ずその刑の執行が猶予されることなどの特徴があります。

Q　即決裁判手続において留意すべき事項は何ですか。

A　通常の事件と比べ，起訴されてから公判期日までの期間が短いことから，事案によっては，通訳の依頼が期日の直近になることがあります。その場合には，御協力をお願いします。

　また，公判期日において交わされるやりとりについて，通常の手続とは一部異なる部分があります（７６ページの参考例参照）。このほか，原則として即日判決が言い渡されるため，判決宣告の通訳の準備をどうするのかを含め，あらかじめ書記官等に手続の流れを確認しておくとよいと思われます。

第４節　裁判員裁判

　裁判員裁判においては，一般の国民の中から選ばれた裁判員が裁判官とともに審理に参加することから，その審理は集中的・連日的に行われます。これを可能とするために，すべての事件において必ず公判前整理手続が実施され，こ

－39－

の中で事前に争点や証拠の整理等が行われます。

　また，法廷での審理内容を裁判員にも分かりやすいものにするため，法廷内で使用される法律用語は，一般の人にも分かるような言葉に言い換えられたり，冒頭陳述等においてプレゼンテーションソフトが用いられる例もあります。さらに，証拠調べにおいても，供述調書等は全文朗読又は限りなくこれに近い要旨の告知の方法によって取り調べられているほか，証人に法廷で直接証言してもらうことも増えています。なお，プレゼンテーションソフトが用いられる場合には，示された文書や画像などの内容をスムーズに通訳することができるように，事前に裁判所や訴訟関係人と打合せをしておくとよいでしょう。

①Q　連日的開廷が行われる場合，通訳人の負担はかなり重くなるのではないでしょうか。

　A　裁判員裁判における尋問は，従来よりも争点に即した，簡にして要を得たものとなりますし，また，裁判員の疲労や負担にも配慮して，これまでよりも頻繁に，相応の時間の休憩が取られることになります。したがって，一概に通訳人の負担が重くなるということはありません。

②Q　裁判員裁判を担当するにあたり，事前に裁判所と打合せをしておく必要はありますか。

　A　連日的開廷により，肉体的，精神的疲労が蓄積して

－40－

一人で通訳をすることが困難と予想される場合や，日程の都合がつかず，一部の期日に出頭できない場合などには，事前に裁判所に申し出てください。審理中の休憩の取り方や，場合によっては，通訳人を複数選任することなどについて，裁判所が，通訳人の意向も考慮しつつ，個別に判断させていただくことになります。

③Q　公判期日までの準備事項で，これまでと異なる点はありますか。

A　裁判員裁判では，供述調書等は全文朗読又は限りなくこれに近い要旨の告知の方法によって取り調べられることになります。その通訳の準備のため，あらかじめ訴訟関係人から通訳人に資料が交付されることがありますので，それを基に準備しておくとよいでしょう。受け取った書類については，絶対に他人の目に触れることのないよう細心の注意を払うようにしてください。

第5節　被害者参加

　　殺人，傷害，自動車運転過失致死傷等の一定の刑事事件の被害者や遺族の方等が，裁判所の許可を得て，被害者参加人として刑事裁判に参加し，検察官との間で密接なコミュニケーションを保ちつつ，一定の要件の下で，公判期日に出席するとともに，証人尋問，被告人質問及び事実又は法律の適用についての意見の陳述を行うことができる制度

です。

　なお，被害者参加人が日本語に通じない場合にも，通訳
をお願いすることになります。

---

①Q　被害者参加人が発言するのは，具体的にはどのよう
　　な場面ですか。

　A　情状に関する証人の供述の証明力を争うために必要
　　な事項について証人を尋問する場面，被害者参加人が
　　意見を述べるため必要と認められる場合に被告人に質
　　問をする場面，事実又は法律の適用について意見を述
　　べる場面などがあげられます。なお，被害者参加人が
　　出席する際にも，付添い，遮へいの措置が認められて
　　います（２７ページ９(6)証人尋問ウ(ア)(イ)参照）。

---

②Q　被害者参加人が意見陳述を行う場合，どのように通
　　訳をすればよいですか。

　A　一文ずつ区切って通訳を行うか，陳述後にまとめて
　　通訳を行うかなど，通訳の方法については，あらかじ
　　め裁判所と相談しておくとよいでしょう。なお，意見
　　陳述が長くなる場合には，被害者参加人が事前に準備
　　していた読み上げ書面に基づいて通訳をしていただく
　　場合もあります。

---

③Q　被告人から，どうして被害者等が法廷に立ち会って
　　いるのかと尋ねられた場合，どのように対応すればい

いですか。

A　そのような場合には，通訳人の判断で被告人に説明したりせず，裁判官に対してその旨を伝え，指示に従ってください。

第5章　その他の留意事項

①Q　判決宣告直後に，弁護人から，被告人に判決の内容やその後の手続について説明をするための通訳を依頼された場合はどうしたらよいですか。

A　そのような説明が必要となる場合もありますので，依頼された場合にはよろしくお願いします。

②Q　弁護人以外の者から，被告人と接見等をする際の通訳を依頼された場合にはどうしたらよいですか。

A　公正さに疑いを持たれる行為ですから，断ってください。

③Q　弁護人から上申書等の翻訳を依頼された場合にはどうしたらよいですか。また，その場合の報酬はどのようになりますか。

A　弁護活動を行う際に使用される一定の書面について，国選弁護人からの依頼に基づいて翻訳を行った場合には，弁護人から報酬の支払を受けることができます。依頼を引き受けるに当たっては，事前に報酬等につい

－43－

て弁護人から説明を受けておくとよいでしょう。

④Q　通訳費用の負担について被告人から尋ねられたらど
うしたらよいですか。

A　弁護人に尋ねるよう告げてください。ちなみに通訳
にかかった費用については，裁判実務では被告人に負
担させない運用が定着しています。

⑤Q　判決宣告により終了した事件の関係書類はどうした
らよいですか。

A　まず，判決要旨は，宣告後すぐに裁判所に返還して
ください。その他の書類については，裁判所から返還
を求められなければ，処分して差し支えありませんが，
書類が他人の目に触れないように，処分方法には十分
に注意してください。

第2編

控訴審における刑事手続の概要

第2章

環境における重金属化学反応の影響

第2編　控訴審における刑事手続の概要

第1章　控訴審とは

1　上訴制度

　　上訴とは，未確定の裁判に対して，上級裁判所の審判による救済を求める不服申立ての制度です。

　　第一審の判決に不服がある場合には，訴訟当事者は，事実誤認，訴訟手続の法令違反，法令適用の誤り，量刑不当などを理由として，高等裁判所に対して上訴（控訴といいます。）することができます。控訴審の裁判所は，第一審が地方裁判所又は簡易裁判所のいかんにかかわらず高等裁判所です。控訴審では合議体で裁判を行います。

　　控訴審の判決に不服がある場合には，最高裁判所に上訴（上告といいます。）することができます。

2　控訴審の役割

　　控訴審では，申立人の指摘する控訴理由を中心に，第一審判決の当否を審査することが直接の目的とされます。審理の結果，第一審判決を維持すべきであれば控訴棄却，第一審判決を取り消す必要があれば原判決破棄となります。原判決破棄の場合には，第一審裁判所に事件を差し戻し，又は移送するときと，控訴審の裁判所が自ら事件について判決をし直すときとがあります。

第2章　控訴の申立て等

1 **控訴の提起期間**

控訴の申立てのできる期間は，１４日以内と規定されています。この期間は，第一審判決の宣告のあった日の翌日から起算されます。

2 **申立ての方式**

第一審の判決（原判決ともいいます。）に対して控訴する場合には，当事者は控訴申立書を第一審の裁判所（原裁判所ともいいます。）に提出して行います。

控訴の申立てがあったとき，第一審裁判所は，速やかに訴訟記録及び証拠物を控訴裁判所に送付します。

3 **上訴の放棄**

上訴の放棄とは，上訴の提起期間満了前に，上訴する権利を放棄することですが，死刑，無期懲役及び無期禁錮のような重大な刑に処せられた判決に対しては上訴を放棄することはできません。

なお，上訴を放棄した者は，上訴の提起期間内であっても更に上訴を提起することはできません。

4 **上訴の取下げ**

上訴の取下げは，上訴審の判決があるまですることができます。

なお，上訴を取り下げた者は，上訴の提起期間内であっても更に上訴を提起することはできません。

第３章 　控訴審の手続

第１節 　控訴審の第１回公判期日までの手続

1 　弁護人選任に関する手続

　　弁護人は審級ごとに選任しなければなりません。したがっ
て，第一審において弁護人を選任していた場合であっても，
控訴を申し立てた被告人は，控訴審でも弁護人を選任しよう
とする場合には，改めて裁判所に弁護人選任書を提出しなけ
ればなりません。裁判所の行う弁護人選任照会，国選弁護人
選任の手続等については第一審の場合と同様です。照会書に
ついては，高等裁判所の依頼に基づいて，第一審裁判所にお
いて送付するという取扱いが実務においてされています。

2 　通訳人の選任に関する手続

　　通訳人の選任については，第一審の場合と同様です。

3 　被告人の移送

　　控訴審において，被告人が勾留されている事件の公判期日
を指定するときは，その旨を検察官に通知しなければなりま
せん。通知を受けた検察官は，被告人の身柄を，速やかに控
訴審裁判所の所在地にある拘置所に移送します。

　　これは，被告人が控訴審の公判に備えて，弁護人との打合
せ等の準備をしたり，自ら公判廷に出頭したりする際の便宜
等のためです。

4 　控訴趣意書の提出

　　控訴趣意書とは，控訴の申立てをした者が控訴審に対して
自己の主張である控訴理由を簡潔に指摘した書面です。控訴
趣意書は，被告人自身で書いて差し出すことも法律上はでき
ますが，通常は，弁護人が被告人のために作成して差し出し
ています。

なお，控訴の申立ての理由は，控訴趣意書に記載すればよく，必ずしも控訴申立書に記載する必要はありません。

控訴審裁判所は，控訴趣意書を受け取ったときは，速やかにその謄本を相手方に送達しなければなりません。

＊控訴理由の限定

控訴の理由は，刑訴法に定められており，それ以外の事由を控訴理由とすることはできません。控訴の理由としては量刑不当が最も多く，事実誤認がこれに次ぎ，訴訟手続の法令違反，法令の適用の誤りもよく見られます。

＊控訴趣意書差出最終日の指定

裁判所は，控訴趣意書につき，期間を定めて提出を促します。その期間は，控訴趣意書差出最終日指定通知書を控訴申立人に送付することによって通知します。

5　答弁書の提出

答弁書は，控訴趣意書に対する相手方の意見を記載したもので，書面により控訴審裁判所に差し出すものです。

6　第1回公判期日の指定と被告人の召喚

控訴審においては，被告人は，裁判所が特に出頭を命じた場合以外は公判期日に出頭する義務はありません。しかし，公判期日に出頭し，自ら防御権を行使する権利は保障する必要がありますので，期日が指定されたときは，実務上，被告人に対して公判期日召喚状による召喚の手続がとられています。実際にも，被告人が出頭するケースが圧倒的に多いとされています。

＊被告人に対する出頭命令

-48-

裁判所は，５０万円以下の罰金又は科料に当たる事件
以外の事件について，被告人の出頭がその権利の保護の
ため重要であると認めるときは，被告人の出頭を命ずる
ことができます。この出頭命令があると，被告人は，公
判期日に出頭する義務が課せられることになります。

第２節　控訴審における公判審理

1　概要

　控訴審の公判審理は，まず第１回公判期日で，控訴を申し
立てた当事者から控訴趣意書に基づく弁論がなされ，これに
対する相手方の答弁があります。必要がある場合は請求又は
職権により事実の取調べが実施されます。

　事実の取調べが終了すると，当事者の請求により事実の取
調べの結果に基づき弁論をすることができます。

　弁論が終結されると，判決宣告期日が指定されて，その期
日に判決が宣告されます。

＊被告人の弁論能力の制限

　　　裁判所が被告人質問を採用したときには，被告人は訴
訟関係人の質問に対して任意の供述はできますが，弁論
をすることはできないとされています。したがって，被
告人のためにする弁論は，弁護人でなければこれをする
ことができません。

2　公判期日の手続の流れ

(1)　通訳人の人定尋問と宣誓

　第一審と同様の手続で行われます。

(2)　被告人の人定質問

－49－

控訴審では，人定質問は必要的なものではなく，出頭した場合でも適宜の方法で人違いでないことを調べれば足りるとされています。実務では，被告人が出頭したときは，人定質問がなされるのが通例です。なお，控訴審でも「被告人」と呼ばれることは第一審と同じです。

　人定質問がされる場合は，第一審と同様に，裁判長が被告人に対し，氏名，生年月日，国籍，日本における住居及び職業を尋ねます。

　　＊黙秘権の告知

　　　控訴審では，黙秘権の告知は必要的ではありませんが，行われることもあります。また，事実の取調べとして被告人質問をする場合に，その実施前に告知することもあります。

(3)　控訴趣意書に基づく弁論

　検察官及び弁護人は，控訴趣意書に基づいて弁論しなければならないとされています。控訴趣意書に記載した事項を基礎としてそれに関連する事項を説明したりすることや，控訴趣意書の範囲内であれば，期間経過後に提出された控訴趣意補充書あるいは控訴趣意補正書等に基づく弁論をすることも許されているのが実務の取扱いです。控訴趣意書の範囲を逸脱したり，趣意書に記載のない新しい主張を付加したりすることは許されません。

　被告人側が控訴を申し立てた場合に，被告人が自ら控訴趣意書を書いて提出することがありますが，被告人には弁論能力がありませんので，弁護人がその判断で被告人提出

の控訴趣意書をも含めて弁論をすることになります。

　控訴趣意書に基づく弁論は，弁護人と被告人との間の打合せにより被告人に控訴趣意書の内容があらかじめ伝わっている場合には，「控訴趣意書記載のとおり」として行われることがほとんどです。被告人に内容が伝わっていない場合などは，弁護人が必要に応じて控訴趣意書の内容を要約したり，自ら要旨を作成して，それに基づき述べたりします。

(4)　控訴趣意書に対する相手方の意見（答弁）

　控訴の申立ての相手方は，答弁書に基づき，又は答弁書の提出がないときは口頭で，控訴申立人の控訴趣意書の内容に反論する弁論をします。

　被告人控訴の場合に，事前に検察官から答弁書が提出されている場合には，「答弁書記載のとおり」として答弁することがほとんどです。答弁書が提出されていない場合には，検察官が口頭で「本件控訴は理由がないので，棄却されるべきである。」などと答弁することになります。

(5)　事実の取調べ

　控訴審の審査は，控訴理由の有無の調査という形で行われますが，事実の取調べはその調査の一方法です。控訴趣意書に包含された事項についての調査は，義務的に行われますが，事実の取調べはその調査に必要な場合に制限されています。

　事実の取調べとしては，第一審における証拠調べの方法にのっとり，証人尋問，検証，鑑定，被告人質問あるいは

書証の取調べなどが行われることになります。

このほか，審理の過程で訴因等が変更される場合もあります。

(6) 事実の取調べの結果に基づく弁論

事実の取調べをしたときは，検察官及び弁護人は，その結果に基づいた弁論をすることができますが，任意的なものです。そして，この弁論は，事実の取調べの結果，控訴理由の存否につき意見をふえんする必要がある場合にその点に限って認められるものです。したがって，事件全般についての意見を陳述する第一審のいわゆる論告や弁論とは性質を異にします。

なお，被告人には弁論能力がないので，事実の取調べの結果に基づく弁論を認めず，その最終陳述も認めない扱いが実務の大勢です。

(7) 次回公判期日の指定・告知

3 判決宣告期日

判決宣告・上訴期間等の告知

(判決主文例については９８ページ，判決理由の例については１１８ページ参照)

＊被告人の収容

第一審判決で禁錮以上の刑の言渡しがされている場合に，控訴棄却の判決があると，保釈又は勾留の執行停止はその効力を失い，新たな保釈又は執行停止がない限り，被告人の身柄については，収容の手続がとられることになります。ただし，控訴審では直ちに収容の手続をとら

－52－

ないのが通例です。

−54−

第３編

法廷通訳参考例

第3編　法廷通訳参考例

　　　ここでは，刑事裁判における具体的なやりとりの例を取り
上げ，通訳の参考例を対訳の形で収録しています。第1編，
第2編の刑事裁判手続の説明と合わせて活用してください。

概要目次
IKHTISAR DAFTAR ISI

第1章　勾留質問手続 ···································· 56
I.　PROSEDUR PENDENGARAN PENAHANAN

第2章　公判手続 ·· 62
II.　PROSEDUR SIDANG PENGADILAN

第3章　第一審における判決主文の例 ··················· 88
III.　CONTOH AMAR PUTUSAN PADA PENGADILAN TINGKAT

　　　PERTAMA

第4章　控訴審における判決主文の例 ··················· 98
IV.　CONTOH AMAR PUTUSAN PADA PENGADILAN TINGKAT

　　　BANDING

第5章　第一審における判決理由 ······················100
V.　ALASAN DAN DASAR PUTUSAN PADA PENGADILAN

　　　TINGKAT PERTAMA

第6章　控訴審における判決理由 ······················118
VI.　ALASAN DAN DASAR PUTUSAN PADA PENGADILAN

　　　TINGKAT BANDING

第1章　勾留質問手続

1　前置き

（裁）　私は，○○地方裁判所の裁判官です。検察官から勾留請求といって，引き続いてあなたを留置してほしいという請求がありました。そこで，これからあなたを勾留するかどうかを決めるために，あなたに対して被疑事実を告げ，それに関するあなたの陳述を聴くことにします。その前にいくつかの注意及び説明をします。

2　黙秘権の告知

（裁）　まず第一に，あなたには黙秘権があります。私の質問に対し，始めから終わりまで黙っていてもいいし，個々の質問に対して答えを拒むこともできます。答えないからといって，それだけで不利益な扱いを受けることはありません。

3　弁護人選任権の告知

（裁）　第二に，あなたは自分の費用で弁護人を選任する権利があります。弁護人を選任したいけれども，弁護人の心当たりがないという場合には，弁護士会を通じて選任する方法があります。そのような申出があれば，裁判所から弁護士会に通知しますから，希望する場合は遠慮なく言ってください。

（被疑者国選弁護対象事件の場合）

　あなたが経済的な理由などで自分の費用で弁護人を選任することができないときは，裁判官に弁護人の選

－56－

I. PROSEDUR PENDENGARAN PENAHANAN

1. **Mukadimah**

   (Hakim)   Saya adalah Hakim Pengadilan Wilayah _____.

   Penuntut Umum telah mengajukan permohonan penahanan, yakni permintaan perpanjangan penahanan Saudara sebelum pendakwaan. Oleh karena itu, untuk menentukan apakah penahanan Saudara akan diperpanjang atau tidak, kepada Saudara akan diberitahukan fakta-fakta tuduhan, kemudian kami akan mendengarkan pernyataan Saudara terhadap tuduhan itu. Namun sebelumnya saya akan menyampaikan beberapa perhatian dan penjelasan.

2. **Pemberitahuan hak untuk tetap diam**

   (H)   Pertama, Saudara berhak untuk tetap diam. Saudara boleh tetap diam selama saya memberikan pertanyaan-pertanyaan dari awal sampai akhir, atau boleh juga menolak menjawab terhadap masing-masing pertanyaan. Walaupun Saudara tidak menjawab pertanyaan-pertanyaan Saya atau menolak menjawabnya, Saudara tidak akan berada dalam keadaan yang merugikan.

3. **Pemberitahuan hak memilih Penasihat Hukum**

   (H)   Kedua, Saudara berhak memilih penasihat hukum dengan biaya sendiri. Bila Saudara ingin memilih penasihat hukum sendiri, tetapi jika tidak ada penasihat hukum yang Saudara kenal, ada cara memilih yakni melalui Asosiasi Advokat. Bila Saudara ingin mengajukannya, pengadilan akan menyampaikan hal ini ke Asosiasi Avokat. Untuk itu bila Saudara menghendaki hal ini, jangan ragu-ragu untuk menyampaikannya kepada kami.

   (Bilamana tersangka berhak meminta penasihat hukum yang ditunjuk olehkantor pengadilan)

   Apabila Saudara tidak mampu menunjuk penasihat hukum dengan biaya Saudara sendiri dengan alasan ekonomis atau

任を請求することができます。この請求をする場合には，資力申告書を提出しなければなりません。また，資力申告書の資力の合計額が５０万円以上の場合には，あらかじめ，○○弁護士会に弁護人の選任の申出をしていなければなりません。

4 **勾留の要件の説明**

（裁）　あなたに，罪を犯したと疑うに足りる相当な理由があり，かつ，住居が不定であるか，証拠を隠滅したり逃亡したりすることを疑うに足りる相当な理由がある場合には，勾留されることになるかもしれません。

5 **勾留の期間の説明**

（裁）　勾留される期間は，原則として１０日間です。しかし，場合によっては，１０日たつ前に釈放されることもありますし，更に１０日以内の日数勾留が延長されることもあります。

6 **被疑事実の告知**

（裁）　それでは，勾留請求の理由となっている犯罪事実を読むのでよく聞いてください。その後で，これに対して言いたいことがあったら述べてください。

「被疑者は，平成○○年１０月１０日午後６時５０分ころ，○○市丸山町１番１号所在の株式会社甲百貨店（代表取締役甲野太郎）本店３階貴金属売場において，同社所有のダイヤモンド指輪１個（時価３００万円相当）を自己の背広の内側ポケットに入れて窃取したものである。」

－58－

lainnya, Saudara dapat mengajukan permintaan kepada hakim untuk melakukan penunjukan. Kalau Saudara ingin mengajukan permintaan ini, Saudara harus terlebih dulu menyampaikan surat pernyataan sumber pendapatan. Kalau Saudara mempunyai 500.000 yen atau lebih sebagai sumber pendapatan Saudara sendiri tercantum di dalam surat pernyataan sumber pendapatan, Saudara harus meminta Asosiasi Advokat XX agar menunjuk penasihat hukum sebelumnya.

4. **Penjelasan persyaratan penahanan**

(H)   Bila pada Saudara ada alasan yang cukup untuk menduga bahwa Saudara telah melakukan kejahatan dan lagi Saudara tidak punya alamat tetap, atau bila ada alasan yang cukup untuk menduga bahwa Saudara akan menyembunyikan dan menghapuskan barang bukti atau akan melarikan diri, Saudara dapat ditahan karenanya.

5. **Penjelasan lamanya penahanan**

(H)   Lamanya penahanan pada prinsipnya adalah 10 hari. Tetapi tergantung kasusnya, Saudara dapat saja dibebaskan meski belum genap 10 hari, atau bisa pula hari penahanan diperpanjang 10 hari lagi.

6. **Pemberitahuan fakta tuduhan**

(H)   Baiklah saya akan bacakan fakta kejahatan yang menjadi alasan permohonan penahanan Saudara, untuk itu harap didengarkan baik-baik. Setelah itu katakanlah apa yang ingin Saudara nyatakan terhadap hal ini.

"Tersangka, sekitar jam 6:50 sore tanggal 10 Oktober XXXX, dengan sadar dan sengaja telah mencuri sebuah cincin berlian (sekarang senilai sekitar 3 juta yen) dengan memasukkannya ke dalam saku bagian dalam jasnya, ketika berada di tempat penjualan perhiasan emas dan berlian lantai 3 pusat Toserba A (Manajer TARO KONO), terletak di 1-1 Maruyama-cho, _____-shi."

7　被疑事実に対する陳述

（被）　・　事実はそのとおり間違いありません。

　　　　・　身に覚えがありません。

　　　　・　検察庁で述べたとおりです。

8　勾留通知先

（裁）　あなたが勾留されることになった場合には，裁判所
　　　　から弁護人あてにその旨を通知します。弁護人がない
　　　　場合には，国内にいるあなたの配偶者，親兄弟等のう
　　　　ち，あなたが指定する１人に通知します。また，弁護
　　　　人もそのような家族もない場合には，雇主とか知人な
　　　　どのうちからあなたが指定する１人に通知します。通
　　　　知先の氏名，住居，電話番号を述べてください。

（被）　日本にいる兄に連絡してください。

（裁）　住所と名前は。

（被）　名前は，Ａです。私と同じところに住んでいます。

9　領事機関への通報

（裁）　あなたは，○○国国民として，領事関係に関するウ
　　　　ィーン条約第３６条第１項（ｂ）の規定により，勾留
　　　　の事実を○○国領事官に通報することを要求しますか。

（被）　通報することを要求します。〈要求しません。〉

（裁）　なお，領事機関に対しては，我が国の法令に反しな
　　　　い限り，信書を発することができます。

10　読み聞け

（書）　あなたが述べたことを調書に書きましたので，それ
　　　　を読み上げます。間違いなければここに署名して，左

－60－

7. **Pernyataan terhadap fakta tuduhan**

(Tersangka) · Fakta tuduhan itu benar adanya.

· Tidak ingat pernah melakukan hal yang dituduhkan.

· Sesuai dengan apa yang telah disampaikan di Kantor Kejaksaan.

8. **Pemberitahukan penahanan**

(H) Bila Saudara dipastikan akan ditahan, maka Kantor Pengadilan akan memberitahukan kepada penasihat hukum Saudara. Jika Saudara tidak punya penasihat hukum sendiri, pengadilan akan memberitahukan kepada istri Saudara, atau orang tua Saudara atau saudara kandung yang Saudara tunjuk yang tinggal di dalam negeri Jepang. Jika Saudara tidak punya penasihat hukum maupun keluarga, maka pengadilan akan memberitahukan kepada majikan atau kenalan yang Saudara tunjuk. Harap memberikan nama, alamat dan nomor telepon orang tersebut yang akan diberitahukan oleh pengadilan tentang penahanan Saudara.

(T) Tolong beritahukan kepada saudara laki-laki saya yang tinggal di Jepang.

(H) Siapa namanya dan di mana alamatnya?

(T) Namanya A. Tinggal di alamat yang sama dengan saya.

9. **Pemberitahuan kepada konsul**

(H) Apakah Saudara, sebagai warga negara _____, berdasarkan Pasal 36(1) b dari Perjanjian Wina mengenai Hubungan Konsuler, meminta agar kepada Konsul negara _____ diberitahukan mengenai penahanan Saudara?

(T) Ya, minta diberitahukan. <Tidak minta diberitahukan>

(H) Saudara boleh mengirim surat ke lembaga Konsul sepanjang tidak bertentangan dengan hukum Jepang.

10. **Pembacaan pernyataan tertulis tersangka, penandatanganan dan cap**

(Panitera) Saya telah mencatat apa-apa yang Saudara katakan ke dalam berita acara pemeriksaan dan saya akan membacakannya dengan keras. Bila ini benar harap ditandatangani di sini dan bubuhkan cap jari telunjuk kiri di

人指し指で指印してください。

第2章　公判手続

1　開廷宣言

（裁）　開廷します。

2　通訳人の宣誓

（通）　良心に従って誠実に通訳をすることを誓います。

3　人定質問

（裁）　被告人は前に出てください。〈被告人は起立してください。〉

名前は何と言いますか。

生年月日はいつですか。

国籍（本籍）はどこですか。

日本国内に定まった住居はありますか。

職業は何ですか。

4　起訴状朗読

（裁）　それでは，これから被告人に対する○○被告事件についての審理を始めます。

起訴状は受け取っていますね。

まず，起訴状が朗読されますから，被告人は聞いていてください。

検察官，起訴状を朗読してください。

5　黙秘権の告知

（裁）　これから，今朗読された事実についての審理を行いますが，審理に先立ち被告人に注意しておきます。被告人には黙秘権があります。したがって，被告人は答

-62-

sebelah tandatangan Saudara.

II. PROSEDUR SIDANG PENGADILAN

1. **Mengumumkan pembukaan sidang**

   (H)   Dengan ini sidang dibuka.

2. **Pengambilan sumpah Penerjemah**

   (Penerjemah langsung)

   Saya bersumpah akan menerjemahkan dengan jujur sesuai dengan yang sebenarnya.

3. **Pertanyaan kepada terdakwa untuk identifikasi**

   (H)   Terdakwa, silakan maju ke depan. <Terdakwa, silakan berdiri>

   Sebutkan nama Saudara.

   Sebutkan tanggal lahir Saudara.

   Sebutkan kewarganegaraan <alamat asal keluarga> Saudara.

   Sebutkan tempat tinggal tetap Saudara di Jepang.

   Sebutkan pekerjaan Saudara.

4. **Pembacaaan surat tuntutan**

   (H)   Baiklah, selanjutnya pemeriksaan pengadilan tentang perkara dakwaan _____ terhadap terdakwa akan dimulai.

   Tentunya Saudara sudah menerima surat tuntutan ini ya?

   Pertama-tama akan dibacakan surat tuntutannya, untuk itu harap mendengarkannya baik-baik.

   Penuntut Umum, mohon dibacakan surat tuntutannya.

5. **Pemberitahuan hak untuk tetap diam**

   (H)   Selanjutnya akan dilakukan pemeriksaan tentang kebenaran dari apa yang telah dibacakan tadi, namun sebelumnya kami ingin memperingatkan terdakwa. Terdakwa punya hak untuk tetap diam. Dengan demikian, terdakwa boleh

えたくない質問に対しては答えを拒むことができます
し，また，始めから終わりまで黙っていることもでき
ます。もちろん質問に対して答えたいときには答えて
よいですが，被告人がこの法廷で述べたことは，被告
人に有利，不利を問わず証拠として用いられることが
ありますから，そのことを念頭に置いて答えるように
してください。

6　被告事件に対する陳述

（裁）　検察官が今読んだ事実について何か述べることはあ
りますか。

（被）　・　事実はそのとおり間違いありません。

　　　　・　事実は身に覚えがありません。

　　　　・　酒を飲んでいたので，よく覚えていません。

　　　　・　物を取ったのは確かですが，人は殺していませ
ん。

　　　　・　被害者を刺したのは確かですが，殺すつもりは
ありませんでした。

7　弁護人の意見

（弁）　・　被告人の陳述のとおりです。

　　　　・　被告人には，窃盗の故意がないので，無罪を主
張します。

　　　　・　被告人には，窃盗の実行の着手がありませんの
で，無罪を主張します。

　　　　・　被告人の行為は正当防衛に当たるので，無罪を
主張します。

－64－

menolak menjawab pertanyaan yang tidak ingin dijawabnya dan boleh juga tetap diam selama persidangan ini. Sudah tentu boleh menjawab terhadap sebuah pertanyaan bila ingin menjawabnya, namun setiap pernyataan yang terdakwa utarakan di dalam persidangan ini, tidak terkecuali apakah pernyataan itu menguntungkan atau merugikan terdakwa, dapat digunakan sebagai bukti. Oleh karena itu, harap menjawab pertanyaan dengan mengingat peraturan ini.

6. **Pernyataan terhadap perkara dakwaan**

(H)   Apakah ada yang ingin Saudara nyatakan sehubungan dengan fakta-fakta yang telah dibacakan tadi oleh Penuntut Umum?

(Terdakwa)   · Ya, faktanya memang benar begitu.

· Tidak ingat pernah melakukan fakta yang dituduhkan.

· Tidak ingat, karena minum minuman keras.

· Benar telah mengambil barang, tetapi tidak membunuh orang.

· Benar telah menusuk korban, tetapi tidak bermaksud membunuhnya.

7. **Pendapat penasihat hukum**

(Penasihat Hukum)

· Benar sesuai dengan pernyataan terdakwa.

· Pada terdakwa tidak punya niat mencuri, karena itu kami menyatakan tidak bersalah.

· Pada terdakwa tidak ada bukti menangani pelaksanaan pencurian, karena itu kami menyatakan tidak bersalah.

· Perbuatan terdakwa adalah tindakan membela diri, karena itu kami menyatakan tidak bersalah.

8 検察官の冒頭陳述

（裁）　それでは検察官，冒頭陳述を行ってください。

　　　　検察官が証拠によって証明しようとする事実を述べ
　　　ますので，被告人は聞いていてください。

（検）　検察官が証拠により証明しようとする事実は次のと
　　　おりであります。被告人は・・・・。

9 弁護人の冒頭陳述

（公判前整理手続が実施された場合で，弁護側の主張がある
ときには必ず行われるが，同手続が実施されなかった場合
に行われることは少ない。）

（裁）　続いて，弁護人の冒頭陳述をどうぞ。

（弁）　それでは，弁護人の冒頭陳述を申し上げます。被告
　　　人は，本件犯行を行っておらず，無罪です。すなわち
　　　・・・・。

10 公判前整理手続の結果顕出

（公判前整理手続が実施された場合）

（裁）　次に，公判前整理手続の結果を明らかにする手続を
　　　行います。この公判に先立ち，裁判所，検察官，弁護
　　　人の3者によって行われた公判前整理手続の結果，本
　　　件における主たる争点は，次の2点であることが明ら
　　　かになっています。まず第1点は・・・・。

11 証拠調べ請求

（検）　以上の事実を立証するため，証拠等関係カード（甲）
　　　（乙）記載の各証拠の取調べを請求します。

12 証拠（書証・証拠物）請求に対する意見

8. **Pernyataan pembuka penuntut umum**

(H)   Penuntut Umum, mohon membacakan pernyataan pembuka Anda. Terdakwa, harap mendengarkan pernyataan pembuka penuntut umum yang akan menjabarkan fakta-fakta yang akan dibuktikan oleh kejaksaan.

(Penuntut Umum)

Fakta-fakta yang akan dibuktikan berdasarkan bukti-bukti oleh Penuntut Umum adalah sebagai berikut. Terdakwa …

9. **Pernyataan pembuka penasihat hukum**

(Penasihat hukum diizinkan untuk mengemukakan pernyataan pembuka atas keperluannya apabila perkara menjadi sasaran prosedur konferensi prapersidangan dan ada yang ingin disampaikan oleh penasihat hukum pada tahap ini; namun prosedur ini jarang dilakukan apabila prosedur konferensi prapersidangan tidak dilaksanakan.)

(H)   Penasihat Hukum, mohon mengemukakan pernyataan pembuka.

(PH)   Saya akan mengemukakan pernyataan pembuka sebagai penasihat hukum. Terdakwa tidak pernah melakukan kejahatan itu sebagaimana dituduh, oleh karena itu terdakwa tidak bersalah...

10. **Penyingkapan hasil prosedur konferensi prapersidangan**

(Bilamana prosedur konferensi prapersidangan telah dilakukan)

(H)   Pengadilan berlanjut kepada prosedur untuk menyingkap hasil prosedur konferensi prapersidangan. Melalui prosedur konferensi prapersidangan yang dilaksanakan di antara 3 pihak, yaitu pengadilan, penuntut umum, dan penasihat hukum, dua titik perselisihan utama dalam perkara ini telah menjadi jelas. Titik pertama adalah...

11. **Permintaan pemeriksaan bukti**

(PU)   Untuk membuktikan fakta-fakta di atas, kami meminta pengadilan agar memeriksa setiap bukti yang tercantum pada kartu bukti (A, B) yang bersangkutan.

12. **Pendapat terhadap permintaan bukti (dokumenter dan barang bukti)**

（裁）　弁護人，御意見はいかがですか。

（弁）　・　すべて同意します。

　　　　・　甲3号証と甲4号証の目撃者Aの検察官と司法
　　　　　警察員に対する供述調書については不同意です。
　　　　　その余の各証拠は同意します。

　　　　・　証拠物については異議ありません。

　　　　・　乙3号証の被告人の司法警察員に対する供述調
　　　　　書は，取調べ警察官の脅迫により録取されたもの
　　　　　であり，任意性を争います。

　　　　・　乙5号証の被告人の司法警察員に対する供述調
　　　　　書は，供述録取に際し，共犯者をかばって供述し
　　　　　たものであるので，その調書には信用性がありま
　　　　　せん。

　　　　・　乙9号証の被告人の検察官に対する供述調書は，
　　　　　検討中のため意見を留保します。

13　書証の要旨の告知・証拠物の展示

（裁）　それでは，同意のあった各証拠は採用し，取り調べ
　　　ることにします。検察官，書証の要旨を告知し，証拠
　　　物を示してください。

　　　　検察官が書証の要旨を告げますので，被告人は聞い
　　　ていてください。

（検）　・　甲1号証は，司法警察員作成の捜査報告書です。
　　　　　被告人の出入国状況を示したもので，「被告人は，
　　　　　平成○○年10月14日，Y国から，短期在留資
　　　　　格（90日）の条件で来日した。在留資格は，平

-68-

(H)   Penasihat Hukum terdakwa, silakan menyatakan pendapat Anda.

(PH)   · Menyetujui semuanya.

· Tidak menyetujui pernyataan tertulis yang diberikan kepada Penuntut Umum dan petugas polisi yudisial oleh Saksi A pada bukti A3 dan bukti A4. Untuk setiap bukti yang lainnya kami menyetujuinya.

· Tentang barang-barang bukti kami tidak berkeberatan.

· Pernyataan tertulis terdakwa di depan petugas polisi yudisial dengan bukti B3 telah didapatkan oleh petugas polisi pemeriksa dengan cara mengintimidasi, maka kami mempertanyakan kesukarelaannya.

· Dalam hal pernyataan tertulis terdakwa di depan petugas polisi yudisial dengan bukti B5, waktu pengambilan pernyataan tertulis itu, terdakwa telah memberikan keterangannya untuk melindungi pelaku lainnya, oleh karena itu, pernyataan tertulis tersebut tidak dapat dipercaya.

· Mengenai pernyataan tertulis terdakwa di depan petugas polisi yudisial dengan bukti B9, kami menangguhkan pendapat kami, karena sedang ditinjau.

13. Pemberitahuan ikhtisar bukti-bukti dokumenter dan pertunjukan barang bukti

(H)   Selanjutnya akan dilakukan pemeriksaan dengan memakai setiap bukti yang telah disetujui. Penuntut Umum, mohon memberitahukan bukti-bukti dokumenter dan menunjukkan barang-barang bukti.

Penuntut Umum akan memberitahukan bukti-bukti dokumenter dan menunjukkan barang-barang bukti, maka, Terdakwa, harap mendengarkannya baik-baik.

(PU)   · Bukti Al adalah laporan pemeriksaan yang telah disusun oleh

petugas polisi yudisial. Ini memperlihatkan catatan keimigrasian terdakwa yang isinya menyatakan, "Terdakwa tiba di Jepang dari negara Y pada tanggal 14 Oktober XXXX dengan status izin tinggal jangka

成○○年1月12日までとなっているが，在留期間の更新は受けていない。」という内容です。

・　甲2号証は，被告人の婚約者甲野花子の司法警察員に対する供述調書です。内容は被告人の生活状況です。

・　乙1号証は，被告人の司法警察員に対する供述調書です。

被告人の身上，経歴等を述べたものです。

・　乙2号証，乙3号証は，被告人の司法警察員に対する供述調書であり，乙4号証は，被告人の検察官に対する供述調書です。

乙2号証から乙4号証は，いずれも被告人が本件の犯行状況について述べたものですので，乙4号証でまとめて要旨を告げます。

「私は，日本で働いてお金を稼ぐために，平成○○年10月14日，Y国から，日本に来ました。日本では，最初に鈴木建設という会社で働き，次に田中土建という会社で働きました。在留期間が平成○○年1月12日までということは分かっていましたが，お金を稼ぎたいのでそのまま日本にいました。」

・　乙5号証は，被告人の身上関係についての捜査報告書です。

14　証人申請

（裁）　検察官，不同意とされた証拠についてはどうされま

-70-

pendek (90 hari). Status izin tinggalnya terhitung sampai dengan tanggal 12 Januari XXXX, tetapi terdakwa tidak melakukan perbaruan masa izin tinggalnya."

- Bukti A2 adalah pernyataan tertulis tunangan terdakwa yaitu Hanako Kono di depan petugas polisi yudisial. Isinya adalah mengenai keadaan kehidupan terdakwa.

- Bukti Bl adalah pernyataan tertulis terdakwa di depan petugas polisi yudisial. Isinya tentang latar belakang keluarganya, tentang karir terdakwa, dsb.

- Bukti B2 dan bukti B3 adalah pernyataan tertulis terdakwa di depan petugas polisi yudisial, dan bukti B4 adalah pernyataan tertulis terdakwa di depan Penuntut Umum.

Dari bukti B2 sampai bukti B4, karena semuanya merupakan pengakuan tentang keadaan perkara ke-jahatan oleh terdakwa, maka kami akan meringkasnya dengan memberitahukan isi pokok pada bukti B4.

"Saya datang ke Jepang dari Negara Y pada tanggal 14 Oktober XXXX, untuk mendapatkan uang dengan bekerja. Di Jepang, pertama-tama bekerja di perusahaan konstruksi bernama Suzuki Kensetsu, selanjutnya bekerja di perusahaan konstruksi bernama Tanaka Doken. Meski tahu masa izin tinggal sampai dengan tanggal 12 Januari XXXX, tetapi karena ingin mendapatkan uang, maka saya terus tinggal di Jepang."

- Bukti B5 adalah laporan pemeriksaan latar belakang keluarganya, dsb.

14. Permohonan pemeriksaan saksi

(H) Penuntut Umum, bagaimana dengan bukti-bukti yang tidak

− 71 −

すか。

（検）　撤回して，証人Aを申請します。

15　証人申請に対する意見及び証人の採用

（裁）　弁護人，御意見は。

（弁）　しかるべく。

（裁）　それでは，Aを証人として採用します。

16　証人の尋問手続

(1)　証人の宣誓

（裁）　ただいまから，あなたをこの事件の証人として尋
問しますから，まずうそをつかないという宣誓をし
てください。その宣誓書を朗読してください。

（証）　宣誓　良心に従って真実を述べ，何事も隠さず，
偽りを述べないことを誓います。証人A。

（裁）　証人は，今宣誓したように本当のことを証言して
ください。もし宣誓した上で虚偽の証言をすると，
偽証罪で処罰されることがあります。

証人が証言することによって証人自身又は証人の
近親者が刑事訴追を受けたり，有罪の判決を受ける
おそれのある事柄については，証言を拒むことがで
きますから，その場合には申し出てください。

(2)　異議申立て及びその裁定

（検）　弁護人のただいまの発問は，誘導尋問ですから，
異議を申し立てます。

（弁）　反対尋問においては，誘導尋問も許されるので，
検察官の異議の申立ては，理由がないと思料いたし

disetujui?

(PU)   Minta dicabut, dan akan memohon pemeriksaan saksi A.

15. Pendapat terhadap permohonan pemeriksaan saksi dan pemanggilan saksi

(H)   Penasihat Hukum terdakwa, bagaimana pendapat Anda?

(PH)   Memang seharusnya demikian.

(H)   Kalau begitu, A akan dipanggil sebagai saksi.

16. Prosedur pemeriksaan saksi

(1) Pengambilan sumpah saksi

(H)   Sebentar lagi Anda akan diperiksa sebagai saksi dari perkara ini, untuk itu, pertama-tama Anda harus bersumpah tidak akan berkata bohong. Bacalah ucapan sumpah itu dengan suara keras.

(Saksi)   Aku bersumpah, sesuai hati nuraniku, bahwa Aku akan mengatakan yang benar, dan tidak menyembunyikan apapun, dan tidak berbicara bohong. Saksi A.

(H)   Sebagai saksi, Anda perlu memberikan kesaksian tentang hal yang sebenar-benarnya sesuai dengan sumpah yang telah diucapkan tadi. Bilamana setelah bersumpah tadi melakukan kesaksian palsu, akan dikenakan hukuman karena melakukan kesaksian palsu.

Anda diberitahukan tentang hak untuk menolak menjawab pertanyaan-pertanyaan atas dasar bahwa Anda atau kerabat dekat Anda dapat dituduh atau menerima putusan bersalah karena kesaksian Anda. Maka dalam kasus itu, harap melaporkannya kepada kami.

(2) Pengajuan keberatan dan pengambilan keputusan

(PU)   Pertanyaan Penasihat Hukum barusan adalah pertanyaan yang bersifat memancing, maka kami mengajukan keberatan.

(PH)   Dalam hal pertanyaan silang, diizinkan melakukan pertanyaan yang bersifat memancing, oleh karena itu keberatan yang diajukan oleh Penuntut Umum tidak

ます。

(裁)　異議を棄却します。

(3) 証人尋問の終了

(裁)　証人尋問を終わります。証人は，お疲れさまでした。

17　その他の手続

(1) 弁論の併合決定

(裁)　本件に被告人に対する平成○○年（わ）第○○号強盗被告事件を併合して審理します。

(2) 訴因及び罰条等の変更

(検)　起訴状記載の訴因を「被告人は・・・・したものである。」と，罪名及び罰条を「窃盗　刑法２３５条」とそれぞれ変更の請求をします。

(弁)　検察官の請求に異議ありません。

(裁)　訴因及び罰条等の変更を許可します。

(3) 被害者特定事項の秘匿決定後，被害者の呼称の定めがされた場合

(裁)　今後の審理においては，平成○○年６月２０日付け起訴状記載の公訴事実第１の被害者のことを「被害者Ａ」と，同年７月１０日付け追起訴状記載の被害者のことを「被害者Ｂ」と呼ぶこととします。

(4) 被害者参加許可決定

(検)　本日，被害者Ａさんから被害者参加の申出がありました。検察官としては，相当であると考えます。

(裁)　弁護人の御意見はいかがですか。

－74－

beralasan.

(H)   Pengajuan keberatan ditolak.

(3)   Pengakhiran pemeriksaan saksi

(H)   Pemeriksaan kesaksian Anda telah selesai. Terima kasih banyak.

17. Prosedur-prosedur lainnya

(1) Penetapan penggabungan argumen lisan

(H)   Bersama-sama dengan perkara ini, terhadap terdakwa akan digabungkan pula pemeriksaan perkara dakwaan perampokan nomor _____ (WA) tahun XXXX.

(2) Perubahan sebab tuduhan dan pasal-pasal undang-undang yang menetapkan hukuman, dsb.

(PU)   Saya meminta sebab tuduhan yang tercantum di dalam surat tuntutan diubah menjadi "Terdakwa telah melakukan _____", dan meminta juga nama tuduhan dan pasal-pasal undang-undang yang menetapkan hukuman diubah menjadi "pencurian, Pasal 235 Undang-Undang Hukum Pidana", masing-masing.

(PH)   Kami tidak keberatan terhadap permintaan Penuntut Umum.

(H)   Kami mengizinkan perubahan sebab tuduhan dan pasal-pasal undang-undang yang menetapkan hukuman, dsb.

(3) Bilamana ada keputusan untuk merahasiakan informasi identifikasi korban, dan nama panggilan korban diputuskan

(H)   Di dalam proses pemeriksaan selanjutnya, korban yang disebut di dalam Fakta yang Dituduhkan 1 dari surat tuntutan, tertanggal 20 Juli XXXX akan dipanggil sebagai Korban A, dan korban yang disebut di dalam surat tuntutan tambahan, tertanggal 10 Juli XXXX akan dipanggil sebagai Korban B, masing-masing.

(4) Keputusan untuk mengizinkan keikutsertaan korban dalam proses pemeriksaan pidana

(PU)   Hari ini, Korban A telah mengajukan diri untuk ikut serta di dalam proses pemeriksaan. Sebagai penuntut umum, saya menganggap keikutsertaannya adalah tepat.

(H)   Penasihat Hukum, bagaimana pendapat Anda, apakah ada keberatan?

（弁）　しかるべく。

（裁）　申出人の本件被告事件の手続への参加を許可します。

(5)　被害者等の被害に関する心情その他の被告事件に関する意見陳述

（被害者等からの申出がある場合）

（裁）　被害者の方からの心情その他の意見陳述を行います。では，被害者の方は証言台に進んで，その意見を陳述してください。

（害）　・　私は，被告人に殴られて，半年も入院しました。その間，身体の自由が利かず，仕事もできず，とてもつらい思いをしました。

　　　　・　被告人のことは，絶対に許せません。

(6)　即決裁判手続

　ア　被告事件に対する有罪の陳述

（起訴状朗読及び黙秘権の告知後）

（裁）　検察官が今読んだ事実について何か述べることはありますか。

（被）　間違いありません。

（裁）　事実は間違いないということですが，この事実について，有罪であるとして処罰されても構わないということですか。

（被）　はい。

　イ　弁護人の意見

（裁）　弁護人の御意見は。

－76－

(PH) Tidak Hakim. Silakan berlanjut.

(H) Pengadilan mengizinkan keikutsertaan pelamar ke dalam prosedur pemeriksaan perkara yang dituduhkan olen penuntut umum.

(5) Pernyataan oleh korban, dll. mengenai perasaan dan pendapat-pendapat lain terhadap perkara yang dituduhkan olen penuntut umum (Apabila korban, dsb. mengajukan diri untuk mengemukakan pernyataan)

(H) Dengan ini pengadilan mengizinkan korban untuk mengemukakan perasaan dan pendapat-pendapatnya. (Kepada korban) Silakan maju ke depan, dan ungkapkanlah pernyataan Saudara.

(Korban) · Saya dihajar oleh terdakwa dan dirawat di rumah sakit cukup lama, selama enam bulan. Selama itu, saya mengalami kesulitan karena tidak bisa bergerak secara bebas dan tidak dapat pergi untuk bekerja.

· Saya tidak bisa memaafkan terdakwa bagaimanapun juga.

(6) Prosedur pengadilan kilat

A. Pengakuan bersalah terhadap perkara yang dituduhkan oleh penuntut umum

(Setelah pembacaan surat tuntutan dan pemberitahuan hak untuk tetap diam)

(H) Apakah ada yang ingin Saudara nyatakan sebagai jawaban terhadap fakta-fakta yang baru saja dibacakan oleh Penuntut Umum?

(T) Fakta-fakta itu benar semuanya.

(H) Katanya benar semuanya; apakah itu berarti Saudara bersedia menerima tuduhan dan hukuman bersalah terhadap fakta-fakta yang dituduhkan?

(T) Ya.

B. Pendapat penasihat hukum

(H) Bagaimana pendapat Anda, Penasihat Hukum?

– 77 –

（弁）　被告人の陳述と同様です。

ウ　即決裁判手続によって審判する旨の決定

（裁）　本件については，検察官から即決裁判手続の申
　　　　立てがされています。被告人，弁護人は即決裁判
　　　　手続によることについて同意しており，被告人は
　　　　有罪である旨の陳述をしていますので，本件を即
　　　　決裁判手続によって審判することとします。

エ　証拠調べ請求等

（裁）　では，証拠調べに入ります。検察官，証拠調べ
　　　　請求をお願いします。

（検）　本件公訴事実を立証するため，証拠等関係カー
　　　　ド（甲）（乙）記載の各証拠の取調べを請求します。

（裁）　弁護人，いかがですか。

（弁）　いずれも，証拠とすることに異議はありません。

18　論告

（裁）　検察官，御意見を伺います。

　　　　検察官がこの事件に対する意見を述べますので，被
　　　告人は聞いていてください。

（検）　それでは論告いたします。

　　　　・　まず，事実についてですが，本件公訴事実は，
　　　　　　当公判廷で取り調べられた関係各証拠によって証
　　　　　　明十分と思料します。

　　　　・　情状について申し上げます。本件は，被告人が，
　　　　　　金を稼ぐ目的で，当初から不法に残留することを
　　　　　　予定して入国し，2年余りにわたって不法に残留

－78－

(PH) Saya menyetujui pernyataan terdakwa.

C. Keputusan untuk memeriksa perkara melalui prosedur pengadilan kilat

(H) Penuntut umum telah mengajukan permohonan agar perkara ini sebaiknya diproses melalui prosedur peng- adilan kilat. Karena terdakwa dan penasihat hukumnya telah menyetujui hal ini dan terdakwa telah menyatakan pengakuan bersalah, maka pengadilan memutuskan untuk memeriksa perkara ini melalui prosedur pengadilan kilat.

D. Permintaan pemeriksaan bukti, dsb.

(H) Selanjutnya, pengadilan melaksanakan pemeriksaan bukti. Penuntut Umum, mohon mengajukan permintaan pemeriksaan bukti.

(PU) Untuk membuktikan fakta-fakta yang dituduhkan dalam perkara ini, saya meminta pengadilan agar menerima bukti terdaftar di dalam Kartu(-kartu) Bukti, A dan B.

(H) Penasihat Hukum, apakah ada berkeberatan?

(PH) Tidak Hakim, kami menyetujui semua bukti dapat diterima.

18. Argumen penutup penuntut umum

(H) Penuntut Umum, mohon bacakan argumen penutup Anda. Terdakwa, harap mendengarkan baik-baik karena penuntut umum akan membacakan argumen penutup pada perkara ini.

(PU) Baiklah, saya akan membacakan argumen penutup.

- Pertama-tama, mengenai kebenarannya, berdasarkan pada setiap bukti yang masing-masing ada hubungannya yang telah diperiksa di persidangan ini, maka kebenaran fakta yang dituduhkan perkara ini dianggap cukup terbukti.

- Selanjutnya kami akan bacakan mengenai keadaan yang berkaitan dengan perkara ini. Perkara ini adalah, terdakwa, dengan tujuan mendapatkan uang, masuk ke dalam negeri dan dari semula memang merencanakan tinggal secara ilegal, telah tinggal secara ilegal selama 2

した事案であり，その残留期間の長さなどを考え
ると，被告人の刑事責任は重大であります。

・　求刑ですが，以上諸般の事情を考慮し，相当法
条適用の上，被告人を，懲役1年6月に処するの
を相当と思料します。

19　被害者参加人の弁論としての意見陳述

（事前に被害者参加人からの申出がされ，これが許可されて
いる場合）

（裁）　では，弁論としての意見陳述をお願いします。

（参）　この事件の被害者参加人として，私の意見を述べま
す。

・　被告人は，何の関係もない私に対し，いきなり
言い掛かりをつけ，その後，急に殴りかかってき
ました。

・　このため，私は1か月もの入院を余儀なくされ
るほどの重傷を負いました。入院中は身体の自由
が利かず，本当につらい思いをしました。

・　被告人は，私にも落ち度があるなどといって謝
罪すら行わず，また，慰謝料はおろか，入院費用
さえも支払っていません。

・　このような被告人のことは，どうしても許せま
せん。私は，被告人を懲役4年の刑にしてほしい
と思います。

20　弁護人の弁論

（裁）　弁護人の御意見を伺います。

-80-

tahun lebih sedikit. Inilah yang perlu dipersoalkan, dan dilihat dari panjangnya masa tinggal itu, pertanggung-jawaban terdakwa secara pidana sangatlah berat.

· Mengenai tuntutan hukuman, dengan mempertimbangkan berbagai hal tersebut di atas, dengan menerapkan pasal hukum yang sesuai, kami menganggap terdakwa pantas dijatuhi hukuman penjara dengan kerja paksa 1 tahun 6 bulan.

19. Pernyataan pendapat oleh korban yang ikut serta dalam proses pemeriksaan

(Bilamana korban telah mengajukan aplikasi dan telah diberikan permisi bagi keikutsertaannya di dalam proses pemeriksaan)

(H)　　　　Mohon nyatakan pendapat Anda.

(Korban yang Ikut serta)

Saya menyatakan pendapat saya sebagai korban perkara ini.

· Terdakwa dengan tiba-tiba bertengkar dengan saya tanpa alasan apapun, kemudian tiba-tiba menyerang saya.

· Dari serangannya tersebut, saya mengalami luka berat dan terpaksa masuk rumah sakit cukup lama, selama satu bulan. Selama berada di rumah sakit, saya mengalami kesulitan karena tidak bisa bergerak secara bebas.

· Terdakwa malah menolak minta maaf dan membantah bahwa ada pula kesalahan pada pihak saya, dan biaya pengobatanpun belum dibayar juga, apalagi uang pelipur.

· Bagaimanapun juga saya tak bisa memaafkan terdakwa. Saya ingin supaya dia dihukum penjara dengan kerja paksa 1 tahun dan 6 bulan.

20. Argumen penutup penasihat hukum

(H)　　　　Penasihat Hukum, mohon berikan argumen penutup Anda.

（弁）　では，被告人のため，弁論いたします。

(1)　出入国管理及び難民認定法違反（自白事件）の例

- ・　本件公訴事実に関しては，被告人は当公判廷においてもこれを素直に認めており，弁護人としてもこれに対し特段異議をとどめるべき点はございません。

- ・　被告人も当公判廷で供述したとおり，本件は弁解の余地のない違法行為であり，被告人自身，長期にわたる不法残留については十分反省し，国外に退去した後は2度と日本には来ないと供述しており，今後2度とこのような違法行為を繰り返さないことを誓っているものです。

- ・　被告人の残留目的は，就労であり，それ以外の不法な目的を有していたものではありません。

- ・　現に，来日してから逮捕されるまでの間は，まじめに稼働しており，本件以外の犯罪を犯したこともなく，前科前歴はありません。

- ・　被告人は今回，逮捕，勾留，起訴という厳しい処分を受け，既に相当の期間の身柄拘束処分を受けており，十分な社会的，経済的制裁を受けています。

- ・　以上の事情を併せ考慮されて，被告人に是非とも自力更生，再起の機会を与えていただきたく，執行猶予の寛大な判決を下されるよう，切にお願いする次第です。

(2)　窃盗（否認事件）の例

- ・　被告人は，指輪を買うつもりだったのであり，窃盗

(PH)　　　　Baiklah, saya akan mengemukakan argumen penutup untuk terdakwa.

(1) Contoh pelanggaran Undang-undang Kontrol Imigrasi dan Pengakuan Pengungsi (bila terdakwa mengakui kesalahannya)

　　　　・ Mengenai fakta-fakta tentang kejahatan yang dituduhkan perkara ini, dalam persidangan inipun terdakwa telah mengakuinya dengan terus terang, dan terhadap hal ini, sebagai penasihat hukum pun berpendapat secara khusus tidak ada hal yang mesti dibantah.

　　　　・ Sesuai dengan apa yang telah disampaikan oleh terdakwa juga dalam pengadilan ini, perkara ini merupakan perbuatan yang melanggar hukum yang tidak perlu diperdebatkan lagi. Terdakwa sendiri menyesali sedalam-dalamnya tentang hal tinggal lebih lama daripada sepantasnya dalam waktu yang cukup lama, dan setelah dideportasi ke luar negeri nanti terdakwa mengatakan tidak akan lagi datang ke Jepang untuk ke dua kalinya. Untuk selanjutnya terdakwa telah berjanji tidak akan mengulangi kembali untuk ke dua kalinya perbuatan pelanggaran hukum seperti ini.

　　　　・ Tujuan tinggal terdakwa yaitu untuk bekerja, selain dari itu tidak mempunyai tujuan ilegal lainnya.

　　　　・ Nyatanya, sejak kedatangannya di Jepang sampai dengan ditangkap, terdakwa bekerja dengan sungguh-sungguh, tidak pernah melakukan kejahatan lain selain dari perkara ini, serta tidak memiliki catatan kejahatan di masa lalu.

　　　　・ Terdakwa kali ini menerima penindakan yang keras yakni ditangkap, ditahan dan diadukan, kemudian sudah menerima penindakan kurungan badan dengan waktu yang cukup lama, sehingga telah menerima sanksi yang cukup secara sosial dan ekonomis.

　　　　・ Demikian, dengan mempertimbangkan semua hal yang tersebut di atas, kami mengharapkan dengan sungguh-sungguh agar kepada terdakwa dijatuhkan putusan hukuman yang bertoleransi dengan penundaan pelaksanaan hukuman untuk memberikan kesempatan memperbaiki diri, dan memberi terdakwa kesempatan untuk bangkit kembali.

(2) Contoh pencurian (bila terdakwa menyangkal kesalahannya)

　　　　・ Terdakwa hanya bermaksud membeli sebuah cincin saja,

の故意はなく，無罪です。このことは証拠によって認められる次の事実から明らかであります。

（中略）

・　以上のことから，被告人には窃盗の故意がなく，無罪であります。

21　被告人の最終陳述

（裁）　これで審理を終わりますが，最後に何か言っておきたいことはありますか。

（被）　・　申し訳ないことをしたと思います。

　　　　・　私は盗むつもりはありませんでした。早く自分の国へ帰らせてください。

22　公判期日の告知

(1)　次回公判期日の告知

（裁）　次回公判期日は，平成○○年１１月８日午前１０時３０分と指定します。

(2)　判決言渡期日の告知

（裁）　それでは，判決は平成○○年１２月６日午後１時にこの法廷で言い渡します。

23　判決宣告

（裁）　被告人に対する○○被告事件の判決を言い渡します。

（判決主文の例については，第３章及び第４章参照）

　　　理由・　当裁判所が証拠により認定した罪となるべき事実（犯罪事実）の要旨は次のとおりである。

　　　　　・　そこで，所定の法条（法律）を適用して，

tidak punya niat untuk mencuri, jadi terdakwa tidak bersalah. Hal ini sudah jelas dari fakta berikut yang diakui berdasarkan bukti.

(Ringkasan) · Dari hal yang tersebut di atas, dapat dimengerti bahwa pada terdakwa tidak ada niat untuk mencuri, jadi terdakwa dinyatakan tidak bersalah.

21. Pernyataan terakhir terdakwa

(H) Dengan demikian, proses pemeriksaan telah selesai. Terakhir, apakah ada yang ingin Anda katakan mengenai hal ini?

(T) · Saya mengaku telah berbuat salah.
· Saya tidak bermaksud mencuri. Saya mohon cepatlah kembalikan saya ke negara saya.

22. Pemberitahuan tanggal sidang pengadilan

(1) Pemberitahuan tanggal sidang pengadilan berikutnya

(H) Tanggal sidang pengadilan berikutnya ditentukan tanggal 8 November XXXX, jam 10:30 pagi.

(2) Pemberitahuan tanggal penjatuhan putusan

(H) Putusan akan dijatuhkan di ruang sidang ini pada tanggal 6 Desember XXXX, jam 1 siang.

23. Pengucapan putusan

(H) Di sini akan dibacakan putusan perkara tuduhan _____ terhadap terdakwa.

(Tentang contoh amar putusan, lihat Bab 3 dan Bab 4)

Alasan:

· Pokok-pokok dari fakta kejahatan (fakta yang merupakan kejahatan) yang ditemukan oleh pengadilan ini berdasarkan atas bukti-bukti adalah sebagai berikut:

· Dengan demikian, menerapkan undang-undang (hukum) yangbersangkutan pada apa yang telah ditemukan oleh pengadilan ini, menjatuhkan putusan sebagaimana

– 85 –

主文のとおり判決する。

・ 刑を定めるに当たって考慮した事情は以下のとおりである。

（判決理由の例については，第5章及び第6章参照）

24 執行猶予の説明

(1) 身柄拘束中の被告人の執行猶予

（裁） 刑事裁判の手続としては，釈放されます。今後○年間のうちに日本で罪を犯さなければ，刑務所に入らなくてもよくなります。しかし，この○年間のうちに日本で罪を犯してまた刑に処せられることがあると，この執行猶予は取り消されます。そうなると，今回の懲役○年の刑を実際に受けなければならなくなります。もちろん，その場合には新たに犯した罪の刑も受けます。そういうことのないように，十分注意してください。

(2) 既に不法残留になっている被告人の執行猶予

（裁） なお，被告人の場合は既に在留期間が経過していますから，この判決の後間もなく，入国管理局において被告人を本国に送還する手続がなされると思います。したがって，結局，送還後○年間日本に来て犯罪を犯さなければ，今回の刑を受けることはないということになります。

25 未決勾留日数の説明

（裁） 被告人はこれまで相当期間勾留されていますから，

-86-

dinyatakan di dalam amar putusan.

· Hal yang menjadi pertimbangan di dalam menetapkan hukuman adalah sebagaimana tercantum di bawah ini. (Mengenai contoh alasan dan dasar putusan, lihat Bab 5 dan Bab 6)

24. Penjelasan mengenai penundaan pelaksanaan

(1) Penundaan pelaksanaan putusan terhadap terdakwa selama masa penahanan

(H)　　　Menurut prosedur pengadilan pidana, terdakwa akan dibebaskan. Bila selama _____ tahun ke depan tidak melakukan kejahatan di Jepang, maka terdakwa tidak perlu lagi masuk penjara. Tetapi, bila dalam _____ tahun tersebut terdakwa melakukan kejahatan di Jepang dan dijatuhi hukuman lagi, maka penundaan pelaksanaan putusan akan dicabut. Dengan demikian, terdakwa harus menjalani hukuman penjara dengan kerja paksa _____ tahun kali ini.

Tentu saja bila terjadi demikian, terdakwa akan juga menerima hukuman atas kejahatan baru yang dilakukannya. Karena itu, harap Saudara berkelakuan baik agar pembatalan penundaan tersebut dapat dihindari.

(2) Penundaan pelaksanaan putusan terhadap terdakwa yang telah tinggal lebih lama daripada sepantasnya

(H)　　　Lebih dari itu, dalam hal terdakwa, karena masa izin tinggalnya sudah lewat, maka setelah menerima putusan ini, kantor imigrasi akan segera mengurus prosedur untuk memulangkan terdakwa ke negaranya. Dengan demikian, pada akhirnya, _____ tahun setelah dipulangkan, kemudian terdakwa tidak datang ke Jepang serta tidak melakukan kejahatan lagi, maka terdakwa menjadi tidak perlu lagi menerima hukuman kali ini.

25. Penjelasan mengenai jumlah hari penahanan menunggu sidang pengadilan

(H)　　　Sampai dengan hari ini terdakwa sudah ditahan dalam

そのうちの○日間は既に刑の執行を受け終わったもの
とします。したがって，言い渡した○年○か月の刑か
ら実際には○日間が差し引かれることになります。

26 保護観察の説明

（裁）　保護観察というのは，国の機関である保護観察所の
保護観察官の指導監督によって，被告人が再び間違い
を起こすことのないように手助けする制度です。普通
は毎月1回以上保護観察所に所属する保護観察官のも
とにいる保護司という人と会って，被告人の日ごろの
生活について指導を受けることになります。

　　　この判決の確定後，速やかに，保護観察所に出頭し
て保護観察所の説明を受けてください。保護観察所で
は，守らなければならない事項について指示されます
が，もし，この遵守事項を守らない場合には，この刑
の執行猶予を取り消されることがあります。また，再
び犯罪を犯して禁錮以上の刑に処せられた場合には法
律上執行猶予を付けることができないので，そのよう
なことのないよう十分注意してください。

27 上訴権の告知

（裁）　この判決に不服がある場合には，控訴〈上告〉の申
立てをすることができます。その場合には，明日から
14日以内に○○高等裁判所〈最高裁判所〉あての控
訴〈上告〉申立書をこの裁判所に差し出してください。

第3章　第一審における判決主文の例

1 有罪の場合

－88－

jangka waktu yang cukup lama, untuk itu selama _____ hari di antaranya dinyatakan sebagai telah menerima dan selesai menjalani hukuman. Dengan demikian, dari hukuman _____ tahun dan _____ bulan yang dijatuhkan pada kenyataannya menjadi dikurangi _____ hari.

26. **Penjelasan mengenai pengawasan bagi hukuman percobaan**

(H) Pengawasan bagi hukuman percobaan adalah suatu sistem yang membantu pelanggar dalam proses rehabilitasi dan dilakukan di bawah pengawasan pengawas bagi hukuman percobaan yang dipekerjakan pada lembaga pemerintah, kantor pengawas bagi hukuman percobaan. Pelanggar biasanya diharuskan melapor kepada pengawas sukarela bagi hukuman percobaan di bawah pengawasan pengawas bagi hukuman percobaan pemerintah beberapa kali dalam sebulan untuk diberikan instruksi mengenai sikap hidup sehari-harinya.

Segera setelah putusan ini ditetapkan, terdakwa harap melapor ke kantor pengawas bagi hukuman percobaan pemerintah untuk mendapatkan instruksi yang harus Saudara ikuti. Bila Saudara tidak mengikuti instruksinya, maka penundaan pelaksanaan hukuman dapat dibatalkan. Lagipula Saudara tidak punya perlindungan hukum untuk diberikan penundaan pelaksanaan hukuman bila Saudara melakukan kejahatan lain lagi dan dihukum penjara tanpa kerja paksa atau dijatuhi hukuman yang lebih keras lagi. Karena itu, harap berkelakukan baik agar hal seperti ini tidak terjadi.

27 **Pemberitahuan hak naik banding**

(H) Anda berhak untuk naik banding ⟨kasasi⟩ ke pengadilan yang lebih tinggi jika Anda tidak puas dengan keputusan ini. Harap mengajukan permohonan tertulis ke pengadilan ini yang dialamatkan kepada Pengadilan Tinggi⟨Mahkamah Agung⟩_____ untuk permohonan naik banding ⟨kasasi⟩ dalam waktu 14 hari dari mulai besok.

III. CONTOH AMAR PUTUSAN PADA PENGADILAN TINGKAT PERTAMA

1. **Bila dinyatakan bersalah**

(1) 主刑

　ア　基本型

　　・　被告人を懲役〈禁錮〉１年に処する。

　　・　被告人を罰金２０万円に処する。

　　・　被告人を拘留１０日に処する。

　イ　少年に不定期刑を言い渡す場合

　　被告人を懲役１年以上２年以下に処する。

　ウ　併科の場合

　　被告人を懲役１年及び罰金２０万円に処する。

　エ　主文が２つになる場合

　　被告人を判示第１の罪について懲役１年に，判示第２の罪について懲役２年に処する。

(2) 未決勾留日数の算入

　ア　基本型

　　未決勾留日数中３０日をその刑に算入する。

　イ　本刑が数個ある場合

　　未決勾留日数中３０日を判示第１の罪の刑に算入する。

　ウ　本刑が罰金・科料の場合

　　未決勾留日数中３０日を，その１日を金５０００円に換算して，その刑に算入する。

　エ　刑期・金額の全部に算入する場合

　　・　未決勾留日数中，その刑期に満つるまでの分をその刑に算入する。

　　・　未決勾留日数中，その１日を金５０００円に換算してその罰金額に満つるまでの分を，その刑に算入

(1) Hukuman utama
  A. Standar
  - Terdakwa dengan ini dihukum dengan penjara dengan kerja paksa 〈tanpa kerja paksa〉 satu tahun.
  - Terdakwa dengan ini dihukum dengan membayar denda 200.000 yen.
  - Terdakwa dengan ini dihukum dengan hukuman kurungan 10 hari.
  B. Hukuman yang tidak menentukan bagi terdakwa anak muda
    Terdakwa dengan ini dihukum penjara dengan kerja paksa selama jangka waktu minimum satu tahun dan tidak melampaui dua tahun.
  C. Hukuman serempak penjara dan denda
    Terdakwa dengan ini dihukum penjara dengan kerja paksa satu tahun dan denda 200.000 yen.
  D. Hukuman terpisah
    Terdakwa dengan ini dihukum penjara dengan kerja paksa satu tahun untuk pelanggaran pertama dan penjara dengan kerja paksa dua tahun untuk pelanggaran kedua.
(2) Memasukkan jumlah hari penahanan menunggu sidang pengadilan ke dalam perhitungan jangka waktu hukuman
  A. Standar
    Dari seluruh jumlah hari penahanan menunggu sidang pengadilan, sejumlah 30 hari akan dimasukkan ke dalam jangka waktu penjara tersebut.
  B. Hukuman terpisah
    Dari seluruh jumlah hari penahanan menunggu sidang pengadilan, sejumlah 30 hari akan dimasukkan ke dalam jangka waktu penjara untuk pelanggaran pertama.
  C. Apabila hukuman utama adalah denda besar atau denda kecil
    Dari seluruh jumlah hari penahanan menunggu sidang pengadilan, ekuivalennya 30 hari akan dipotong dari jumlah denda, dengan dihitung 1 hari sama dengan 5.000 yen.
  D. Potongan hari-hari penahanan menunggu sidang pengadilan dari seluruh jangka waktu penjara atau seluruh jumlah denda
    - Sebagian dari jumlah hari penahanan menunggu sidang pengadilan akan dipotong dari jangka waktu penjara tersebut untuk menutup kerugian (set off) seluruh jangka waktu penjara.
    - Dari jumlah hari penahanan menunggu sidang pengadilan, ekuivalennya hari-hari, dengan tarif 1 hari sama

する。

(3) 労役場留置

ア 基本型

その罰金を完納することができないときは，金５０００円を１日に換算した期間被告人を労役場に留置する。

イ 端数の出る場合

その罰金を完納することができないときは，金６０００円を１日に換算した期間（端数は１日に換算する。）被告人を労役場に留置する。

(4) 刑の執行猶予

この裁判が確定した日から３年間その刑の執行を猶予する。

(5) 保護観察

被告人をその猶予の期間中保護観察に付する。

(6) 補導処分

被告人を補導処分に付する。

(7) 没収

ア 基本型

押収してある短刀１本（平成○○年押第○○号の１）を没収する。

イ 偽造・変造部分の没収

押収してある約束手形１通（平成○○年押第○○号の１）の偽造部分を没収する。

ウ 裁判所が押収していない物の没収

○○地方検察庁で保管中の約束手形１通（平成○○年

－92－

dengan 5.000 yen, akan dipotong dari denda untuk menutup kerugian (set off) jumlah total denda.

(3) Penahanan di rumah-kerja sebagai pengganti pembayaran denda

A. Standar

Jika terdakwa tidak mampu membayar penuh jumlah denda tersebut, ia akan ditahan di rumah-kerja selama jangka waktu yang diperhitungkan 1 hari sama dengan 5.000 yen.

B. Bila timbul pecahan

Jika terdakwa tidak mampu membayar penuh jumlah denda tersebut, ia akan ditahan di rumah-kerja selama jangka waktu (bila ada pecahan dihitung 1 hari) yang diperhitungkan 1 hari sama dengan 6.000 yen.

(4) Penundaan pelaksanaan hukuman

Pelaksanaan hukuman tersebut akan ditunda 3 tahun terhitung sejak hari hukuman ini ditetapkan.

(5) Pengawasan bagi hukuman percobaan

Terdakwa ditempatkan di bawah pengawasan bagi hukuman percobaan selama masa penundaan pelaksanaan hukuman tersebut.

(6) Disposisi bimbingan

Terdakwa diputuskan untuk menjalani disposisi bimbingan.

(7) Penyitaan

A. Standar

Pedang pendek (barang bukti nomor XX-1 tahun XXXX) akan disita.

B. Penyitaan terhadap bagian dokumen yang dipalsukan atau diubah

Bagian surat promes yang dipalsukan yang disita (barang bukti nomor XX-1 tahun XXXX) akan disita.

C. Penyitaan barang yang tidak disita oleh pengadilan

Surat promes yang ditahan di kantor Kejaksaan Umum

-93-

〇地領第〇〇号の1）を没収する。

エ　犯罪被害財産の没収

　　〇〇地方検察庁で保管中の現金８００万円（平成〇〇年〇地領第〇〇号の1，当該現金は犯罪被害財産）を没収する。

(8)　追徴

ア　基本型

　　被告人から金１０万円を追徴する。

イ　犯罪被害財産の価額の追徴

　　被告人から金３００万円（当該金３００万円は犯罪被害財産の価額）を追徴する。

(9)　被害者還付

ア　基本型

　　押収してある本１冊（平成〇〇年押第〇〇号の1）を被害者Ａに還付する。

イ　被害者不明の場合

　　押収してある本１冊（平成〇〇年押第〇〇号の1）を被害者（氏名不詳）に還付する。

ウ　被害者が死亡した場合

　　押収してある本１冊（平成〇〇年押第〇〇号の1）を被害者Ａの相続人に還付する。

(10)　仮納付

　　被告人に対し，仮にその罰金に相当する金額を納付すべきことを命ずる。

(11)　訴訟費用の負担

Wilayah (barang bukti milik kejaksaan nomor XX-1 tahun XXXX) akan disita.

D. Penyitaan aset yang dihasilkan dari kejahatan

Uang tunai berjumlah delapan juta yen tertahan di Kantor Kejaksaan Wilayah _____ (Kantor Kejaksaan Wilayah, Benda yang Ditahan No. XX-1 tahun XXXX; dianggap sebagai aset yang dihasilkan dari kejahatan) akan disita.

(8) Penagihan nilai ekuivalen

A. Standar

Sebagai pengganti penyitaan, terdakwa akan membayar 100.000 yen sebagai nilai ekuivalen.

B. Penagihan nilai ekuivalen aset yang dihasilkan dari kejahatan

Sebagai pengganti penyitaan, terdakwa akan membayar tiga juta yen sebagai nilai ekuivalen aset yang dihasilkan dari kejahatan yang menjadi sasaran penyitaan

(9) Pengembalian barang yang disita kepada korban

A. Standar

Buku yang disita (barang bukti nomor XX-1 tahun XXXX) akan dikembalikan kepada korban A.

B. Bila korban tidak dikenal

Buku yang disita (barang bukti nomor XX-1 tahun XXXX) akan dikembalikan kepada korban (nama tidak jelas).

C. Bila korban telah meninggal

Buku yang disita (barang bukti nomor XX-1 tahun XXXX) akan dikembalikan kepada ahli waris korban A.

(10) Pembayaran sementara

Terdakwa diperintahkan untuk sementara membayar sejumlah uang yang sama dengan denda tersebut.

(11) Biaya perkara

- 訴訟費用は被告人の負担とする。
- 訴訟費用は被告人両名の連帯負担とする。
- 訴訟費用は，その2分の1ずつを各被告人の負担とする。
- 訴訟費用のうち，証人Aに支給した分は被告人の負担とする。
- 訴訟費用中通訳人○○○○に支給した分を除き，その余の分は被告人の負担とする。

(12) 刑の執行の減軽又は免除
- その刑の執行を懲役1年に減軽する。
- 被告人を懲役1年に処し，その刑の執行を免除する。

(13) 刑の免除

被告人に対し刑を免除する。

2 無罪・一部無罪の場合

(1) 無罪

被告人は無罪。

(2) 一部無罪

本件公訴事実中詐欺の点については，被告人は無罪。

3 その他の場合

(1) 免訴

被告人を免訴する。

(2) 公訴棄却

本件公訴を棄却する。

(3) 管轄違い

本件は管轄違い。

- Biaya perkara akan dibayar oleh terdakwa.
- Para terdakwa akan dibebankan bersama dan masing-masing atas biaya perkara.
- Biaya perkara akan dibebankan pada para terdakwa sama rata.
- Jumlah uang yang dibayar kepada saksi A sebagai bagian dari jumlah biaya perkara akan dibebankan kepada terdakwa.
- Di dalam biaya perkara, kecuali bagian yang telah dibayarkan kepada Penerjemah A, bagian selebihnya akan dibebankan kepada terdakwa.

(12) Pengurangan atau pengampunan pelaksanaan hukuman
- Pelaksanaan hukuman tersebut dikurangi menjadi penjara dengan kerja paksa satu tahun.
- Terdakwa dihukum penjara dengan kerja paksa satu tahun dan pelaksanaan hukuman tersebut dibatalkan.

(13) Pengampunan hukuman

Terdakwa diberi pengampunan hukuman

2. Tidak bersalah atau tidak bersalah terhadap sebagian tuduhan

(1) Tidak bersalah

Terdakwa dinyatakan tidak bersalah.

(2) Tidak bersalah terhadap sebagian tuduhan

Terdakwa dinyatakan tidak bersalah terhadap tuduhan penipuan.

3. Lain-lain

(1) Pembebasan dari penuntutan

Terdakwa dibebaskan dari penuntutan.

(2) Penolakan penuntutan

Penuntutan perkaranya ditolak.

(3) Kekurangan kekuasaan mengadili

Kasus ini tidak berada di dalam yurisdiksi kantor pengadilan ini.

第4章 控訴審における判決主文の例

1 控訴棄却・破棄

(1) 控訴棄却

- ・ 本件控訴を棄却する。
- ・ 本件各控訴を棄却する。
- ・ 本件控訴中被告人○○に関する部分を棄却する。

(2) 破棄自判

- ・ 原判決を破棄する。被告人を懲役○年○月に処する。
- ・ 原判決中有罪部分を破棄する。被告人は無罪。
- ・ 被告人らに対する各原判決を破棄する。被告人Aを懲役1年に，被告人Bを懲役6月にそれぞれ処する。
- ・ 原判決中被告人○○に関する部分を破棄する。被告人○○を懲役3年に処する。

(3) 破棄差戻し

原判決を破棄する。本件を○○地方裁判所に差し戻す。

(4) 破棄移送

原判決を破棄する。本件を○○地方裁判所に移送する。

2 未決勾留日数の算入

- ・ 当審における未決勾留日数中○○日を原判決の刑に算入する。
- ・ 原審における未決勾留日数中○○日をその刑に算入する。

3 訴訟費用の負担

- ・ 当審における訴訟費用中通訳人○○○○に支給した分を除き，その余の分は被告人の負担とする。

－98－

IV. CONTOH AMAR PUTUSAN PADA PENGADILAN TINGKAT BANDING

1. Penolakan, pembatalan banding

(1) Penolakan banding
- Permohonan banding perkaranya ditolak.
- Permohonan masing-masing banding perkaranya ditolak
- Menolak bagian yang berkaitan dengan terdakwa _____ dalam permohonan banding perkara ini.

(2) Pembalikan putusan pada tingkat pertama dan penjatuhan putusan sendiri
- Membalikkan putusan pada tingkat pertama. Terdakwa dihukum penjara dengan kerja paksa _____ tahun _____ bulan.
- Membalikkan bagian yang bersalah dalam putusan pada tingkat pertama. Terdakwa dinyatakan tidak bersalah.
- Membalikkan masing-masing putusan pada tingkat pertama terhadap para terdakwa. Terdakwa A dihukum penjara dengan kerja paksa 1 tahun, dan Terdakwa B dihukum penjara dengan kerja paksa 6 bulan, masing-masing.
- Membalikkan bagian yang berkaitan dengan terdakwa _____ dalam putusan pada tingkat pertama. Terdakwa _____ dihukum penjara dengan kerja paksa 3 tahun.

(3) Pembalikan dan pengembalian perkara ke pengadilan tingkat pertama
Membalikkan putusan pada tingkat pertama. Perkara ini dikembalikan ke Pengadilan Wilayah _____.

(4) Pembalikan dan pemindahan perkara ke pengadilan tingkat pertama
Membalikkan putusan pada tingkat pertama. Perkara ini dipindahkan ke Pengadilan Wilayah _____.

2. Memasukkan jumlah hari penahanan menunggu sidang pengadilan ke dalam perhitungan jangka waktu hukuman
- Dari seluruh jumlah hari penahanan menunggu sidang pengadilan ini, _____ hari akan diperhitungkan ke dalam hukuman pengadilan tingkat pertama.
- Dari seluruh jumlah hari penahanan menunggu sidang pengadilan tingkat pertama, _____ hari akan diperhitungkan ke dalam hukuman tersebut.

3. Biaya perkara
- Biaya perkara pada perkara ini, kecuali bagian yang telah dibayarkan kepada Penerjemah _____, akan dibebankan kepada terdakwa.

– 99 –

・ 原審における訴訟費用中証人○○○○に支給した分は，被告人の負担とする。

第5章　第一審における判決理由

1　罪となるべき事実

(1)　不正作出支払用カード電磁的記録供用罪及び窃盗罪の例

「被告人は，Ａ名義のキャッシュカードを構成する人の財産上の事務処理の用に供する電磁的記録を不正に作出して構成されたＢ名義のキャッシュカードの外観を有する不正電磁的記録カード１枚を使用して，金員を窃取しようと企て，平成○○年６月１２日午前１１時３０分ころ，東京都杉並区西荻窪４丁目２番５号所在のＣ銀行西荻窪支店において，前後２回にわたり，人の財産上の事務処理を誤らせる目的で，上記カードを同所設置の現金自動預払機に挿入させて同カードの電磁的記録を読み取らせて同機を作動させ，同カードの電磁的記録を人の財産上の事務処理の用に供するとともに，同機からＣ銀行西荻窪支店長管理に係る現金５０万円を引き出して窃取したものである。」

(2)　覚せい剤取締法違反罪の例

「被告人は，法定の除外事由がないのに，平成○○年４月５日午後６時３０分ころ，山中市山田町３番６号の被告人方において，覚せい剤であるフェニルメチルアミノプロパン約０．０４グラムを含有する水溶液０．２５ミリリットルを自己の左腕に注射し，もって，覚せい剤を使用したものである。」

(3)　大麻取締法違反罪の例

• Dalam biaya perkara pada pengadilan tingkat pertama, bagian yang telah dibayarkan kepada saksi _____ dibebankan kepada terdakwa.

V. ALASAN DAN DASAR PUTUSAN PADA PENGADILAN TINGKAT PERTAMA

1. Fakta-fakta yang merupakan pelanggarannya

(1) Contoh menyediakan catatan elektromagnetis yang disandikan dalam kartu pembayaran dibuat tidak sah, dan pencurian uang

"Terdakwa telah berusaha mencuri uang memakai sebuah kartu yang memiliki catatan elektromagnetis tidak sah, yang mestinya dipergunakan untuk urusan administarsi keuangan oleh orang lain dan disandikan pada kartu tunai yang diterbit atas nama A, namun seolah kepunyaan B. Dalam usaha tersebut, pada tanngal 12 Juni XXXX, pada waktu sekitar 11:30 siang, di Cabang Nishi-Ogikubo Bank C, terletak di 4-2-5 Nishi-Ogikubo, Suginami-ku, Tokyo, terdakwa memasukkan kartu tersebut dua kali ke dalam slot kartu mesin kasir otomatis (ATM) dipasang di cabang tersebut bertujuan mengacaukan administrasi urusan keuangan seseorang yang dilakukan orang lain, dan memaksakan fungsi mesin tersebut untuk membaca catatan elektromagnetis dari kartu tersebut. Demikian terdakwa telah menyandikan catatan elektromagnetis atas kartu orang lain, bagi kepentingnya untuk administrasi keuangan, dan mengambil uang tunai 500.000 yen dari mesin yang berada di bawah pengawasan Cabang Nishi-Ogikubo Bank C dan mencuri uang tersebut."

(2) Contoh pelanggaran Undang-undang Pengendalian Obat Perangsang

"Terdakwa, tanpa adanya dasar hukum untuk perlakuan luar biasa, telah memakai obat perangsang dengan menginjeksi lengan kirinya dengan 0,25 mililiter larutan berisi kira-kira 0,04 gram fenil-metil-amino-propana (phenyl-methyl-amino-propane), suatu obat perangsang, di tempat tinggalnya di 3-6 Yamada-cho, Yamanaka-shi, pada jam 6:30 sore tanggal 5 April XXXX. Demikian Terdakwa telah memakai obat perangsang."

(3) Contoh pelanggaran Undang-undang Pengendalian Ganja

「被告人は，みだりに，大麻を輸入しようと企て，大麻草７０．９４グラム（種子を含む）を自己の着用する両足靴下底にそれぞれ隠匿携帯した上，○○○○年５月３日（現地時間），Ａ国○○国際空港から○○航空０１７便の航空機に搭乗し，平成○○年５月４日午後零時３０分ころ千葉県成田市所在の成田国際空港に到着し，大麻を身につけたまま同航空機から本邦に上陸し，もって，本邦内に大麻を輸入したものである。」

(4) 麻薬及び向精神薬取締法違反罪の例

「被告人は，みだりに，平成○○年６月１０日午後６時ころ，東京都千代田区田中町３番１号の被告人方洋服ダンス内に麻薬である塩酸ジアセチルモルヒネの粉末約１０グラムを所持したものである。」

(5) 売春防止法違反罪の例

「被告人は，売春をする目的で，平成○○年１０月８日午後１１時２０分ころから同日午後１１時４５分ころまでの間，横浜市港北区新横浜２丁目５番１０号喫茶店「かおり」横付近から同区同町２丁目２番４号葵銀行新横浜支店前に至る間の路上をうろつき，あるいは立ち止まるなどし，もって，公衆の目にふれるような方法で客待ちをしたものである。」

(6) 強盗致死罪の例

「被告人は，遊興費欲しさとうっ憤晴らしのために，適当な相手を見つけて袋だたきにして所持金等を強取しようと考え，Ａ，Ｂと共謀の上，平成○○年１２月３日午前３

"Terdakwa, tanpa izin, telah berencana mengimpor ganja, naik pesawat XX penerbangan no. 017 dari Bandara Internasional XX negara A, pada tanggal 3 Mei XXXX (waktu lokal), dengan menyembunyikan di dasar kaus kakinya seberat 70,94 gram daun ganja (termasuk bijinya). Setelah tiba di Bandara Internasional Narita di Narita-shi, Chiba-ken, sekitar jam 12:30 siang tanggal 4 Mei XXXX, terdakwa mengimpor ganja ke negara ini dengan mendarat di negara ini dan turun dari pesawat dengan ganja di badannya."

(4) Contoh pelanggaran Undang-undang Pengendalian Narkotika dan Psikotropik

"Terdakwa, tanpa izin, telah memiliki kira-kira 10 gram bubuk diasetilmorfin hidroklorida (diacetylmorphine hydrochlorid) dalam lemari pakaian di tempat kediamannya di 3-1 Tanaka-cho, Chiyoda-ku, Tokyo, sekitar jam 6:00 sore tanggal 10 Juni XXXX."

(5) Contoh pelanggaran Undang-undang Anti Pelacuran

"Terdakwa, dengan niat mau melakukan pelacuran, antara jam 11:20 malam sampai sekitar jam 11:45 pada hari yang sama, berkeliaran di antara jalan dekat samping kafetaria "Kaori" di 2-5-10 Shin-Yokohama, Kohoku-ku, Yokohama-shi sampai di depan kantor cabang Shin-Yokohama Bank Aoi di 2-2-4 Shin-Yokohama di alamat yang sama, atau berhenti melangkah untuk berdiri di situ dengan cara agar kelihatan oleh orang banyak, menunggu tamu di situ."

(6) Contoh perampokan yang mengakibatkan kematian

"Terdakwa berkomplot dengan A dan B, karena ingin mendapatkan uang untuk bersenang-senang dan untuk menghilangkan kedongkolan, telah berniat mencari orang yang dianggap tepat dan mengambil daripadanya uang dsb. yang dimilikinya dengan memukulinya. Bertempat di jalan dekat jalan no. 14-1 Takahana-cho, Omiya-ku, Saitama-shi, sekitar jam 3:10 pagi tanggal 3 Desember XXXX, terhadap

時１０分ころ，さいたま市大宮区高鼻町１４番１号付近の路上において，たまたま通りかかったＣ（当時２０歳）に対し，被告人，Ａ，Ｂにおいてこもごも，その顔面，頭部，腹部等を多数回にわたってこぶしで殴り，力一杯蹴り付けるなどの暴行を加えた上，Ａにおいて，抵抗できなくなったＣからその所有する現金３万２０００円くらいが入った財布１個を奪い取ったが，その際前記各暴行によって，Ｃに対し左側急性硬膜下血腫，脳挫傷，外傷性くも膜下血腫の傷害を負わせ，同月１３日午後４時１２分ころ，さいたま市大宮区盆栽町２丁目３番２号大宮病院において，それらの傷害により同人を死亡させたものである。」

(7) 自動車運転過失傷害罪の例

「被告人は，平成○○年９月１２日午前９時３０分ころ，普通乗用自動車を運転し，東京都武蔵野市吉祥寺東町３１番地付近道路先の左方に湾曲した道路を荻窪方面から三鷹方面に向かい時速約５０キロメートルで進行していた。こういった場合，自動車運転者としては前方を注視し，ハンドル操作を正しく行って進路を適正に保って進行すべき自動車運転上の注意義務がある。しかしながら，被告人は足元に落とした地図を拾うのに気を奪われたためこの注意義務に違反して，前方注視を欠き，ハンドルから一瞬手を離したまま，時速約５０キロメートルで進行するという過失を犯した。このため，車は対向車線に進入して，対面進行してきたＡ運転の大型貨物自動車の右側面に衝突した上，その衝撃で更に前方に進出して，Ａ運転車両の後方から進

C yang percuma lewat di situ (waktu itu berumur 20 tahun), terdakwa, A dan B secara silih berganti memukul dengan kepalan tangan sebanyak beberapa kali wajah, bagian kepala, bagian perut, dsb., selain menambahnya dengan penganiayaan seperti menendang dengan sekuat tenaga, dsb. Dari C yang sudah tidak berdaya, A telah merampas sebuah dompet yang berisi uang kontan miliknya sebanyak 32.000 yen, waktu itu setiap penganiayaan yang disebutkan tadi telah menyebabkan C menderita penyempitan di bawah selaput otak sebelah kiri akibat pendarahan, memar pada otak dan menderita penyempitan di bawah selaput otak karena pendarahan akibat luka dari luar yang mana luka-luka akibat penganiayaan itu telah menyebabkan orang tersebut meninggal dunia sekitar jam 4:12 sore tanggal 13 bulan yang sama, bertempat di Rumah Sakit Omiya yang beralamat di 2-3-2 Bonsai-cho, Omiya-ku, Saitama-shi."

(7) Contoh mengemudi dengan kelalaian yang mengakibatkan luka-luka

"Terdakwa, sekitar jam 9:30 pagi tanggal 12 September XXXX, mengemudikan mobil pribadi melaju di jalan yang membelok ke arah kiri ujung jalan dekat no. 31 Kichijoji Higashi-cho, Musashino-shi, Tokyo-to, dengan kecepatan kira-kira 50 kilometer per jam menuju ke arah Mitaka dari arah Ogikubo. Sebagai pengemudi kendaraan, terdakwa punya kewajiban mengemudi berhati-hati yakni harus memperhatikan arah depan, mengoperasikan gagang kemudi secara tepat, dan menjaga agar kendaraan melaju dengan sewajarnya. Tetapi, terdakwa telah melanggar kewajiban ini karena perhatiannya beralih untuk mengambil peta yang jatuh di bawah kakinya, sehingga pandangan ke depannya menjadi lengah, sehingga terdakwa dinilai telah melakukan kelalaian karena sambil terus melepaskan tangan sebentar dari gagang kemudi, melaju dengan kecepatan sekitar 50 kilometer per jam. Akibatnya kendaraan telah masuk ke jalur yang berlawanan, sehingga selain telah menabrak bagian kanan kendaraan angkutan barang ukuran besar yang dikemudikan oleh A yang sedang melaju dari arah yang berlawanan, dengan tabrakan itu kemudian juga masuk ke depan sehingga menabrak bagian depan sebelah kanan mobil angkutan barang ukuran biasa

—105—

行してきたＢ（当時５５歳）運転の普通貨物自動車の右前部に衝突した。その結果，Ｂに加療約２００日間を要する右股関節脱臼骨折の傷害を負わせたものである。」

(8) 傷害罪の例

「被告人は，平成○○年９月２日午後１時５分ころ，横浜市港南区日野南３丁目６番１７号先路上で，通行中のＡ（当時６２歳）に「おまえ，どこを歩いとるんじゃ。」などと因縁をつけ，こぶしでその顔を２回殴って転倒させ，その上に馬乗りになって更にその顔をこぶしで数回殴った。この暴行により，Ａに約５日間の加療を要する右肘部挫滅傷，顔面挫滅傷の傷害を負わせたものである。」

(9) 詐欺罪の例

「被告人は，不正に入手した平和カード株式会社発行のＡ名義のクレジットカードを使用してその加盟店から商品をだまし取ろうと企て，平成○○年４月５日午前１１時１５分ころ，東京都中央区中村町３番先中村ショッピングセンター１階株式会社中村銀座店において，同店店長Ｂに対し，代金支払の意思及び能力がないのに，自己がクレジットカードの正当な使用権限を有するＡであって，クレジットカードシステムによって代金の支払をするもののように装い，前記クレジットカードを提示してスーツ等３点の購入を申し込み，前記Ｂをしてその旨誤信させ，よって即時同所において，同人からスーツ等３点（価格合計７万３７００円相当）の交付を受けてこれをだまし取ったものである。」

－106－

yang dikemudikan oleh B (waktu itu berumur 55 tahun) yang melaju dari arah belakang mobil yang dikemudikan oleh A. Akibatnya B mengalami kecelakaan terlepas pangkal paha sebelah kanannya dan patah tulang sehingga memerlukan perawatan sekitar 200 hari."

(8) Contoh luka-luka badani

"Terdakwa, pada 1:05 siang tanggal 2 September XXXX di sekitar jalan no.3-6-17 Hino-Minami, Konan-ku, Yokohama-shi, mengatai A (waktu itu berumur 62 tahun) yang sedang berjalan dengan kata-kata "Kalau jalan yang benar, goblok!" dsb., lalu dengan kepalan tangannya meninju mukanya sebanyak 2 kali, merubuhkannya, menungganginya dan meninju mukanya beberapa kali lagi. Akibat penganiayaan ini, A memar-memar pada siku sebelah kiri dan wajah sehingga memerlukan perawatan selama kira-kira 5 hari."

(9) Contoh penipuan

"Terdakwa, setelah secara tidak sah memperoleh sebuah kartu kredit atas nama Sdr. A yang dikeluarkan oleh Heiwa Card Inc., merencanakan akan menggelapkan barang-barang dari toko anggota kartu kredit dengan cara menggunakan kartu kredit tersebut secara tidak sah. Dengan memakai identitas Sdr. A yang berwenang memakai kartunya, dan berpura-pura akan membayar tagihannya melalui sistem kartu kredit, terdakwa tanpa memiliki uang atau niat membayar tagihannya, mengajukan kartunya kepada Sdr. B Manajer dari Toko Ginza, Nakamura Inc., untuk membeli tiga buah barang, termasuk satu stel celana dan jas, dsb. di lantai satu Pusat Pertokoan Nakamura di 3 Nakamura-cho, Chuo-ku, Tokyo, sekitar jam 11:15 pagi tanggal 5 April XXXX. Pada jam dan tempat yang sama, terdakwa lalu menerima tiga buah barang termasuk satu stel pakaian (seluruhnya bernilai 73.700 yen) dari Sdr. B yang secara salah percaya bahwa terdakwa adalah Sdr. A dan akan membayar ongkosnya melalui sistem kartu, dan dengan demikian telah melakukan penggelapan."

(10) 殺人罪の例（確定的故意の場合）

「被告人は，Ａ（当時６２歳）に雇われ，東京都江東区山中町５丁目２番４号所在の同人方に住み込んでいたものであるが，被告人が通行人に罵声を浴びせたのを前記Ａから叱責されて口論のあげく激高し，とっさに，同人を殺害しようと決意し，平成〇〇年３月８日午後７時ころ，同人方６畳間の押し入れの中から刃体の長さ１３センチメートルのくり小刀を持ち出して携え，同所において，左手で前記Ａの襟首をつかんで引き寄せながら，右手に持っていた前記くり小刀で同人の左胸部を突き刺し，同人がその場から逃げ出すや，追跡して同人方前路上でこれに追い付き，同所において，更に前記くり小刀で同人の左背部を突き刺し，よって，同人をして心臓刺切に基づく失血により即死させて殺害したものである。」

(11) 殺人罪の例（未必的故意の場合）

「被告人は，かねて，東京都千代田区山中２丁目８番９号所在のスナック「隼」の店員Ａ（当時３０歳）から軽蔑の目でみられていることに憤まんの情を抱いていたところ，平成〇〇年８月７日午後１時３０分ころ，前記「隼」において，客として，前記Ａにビールを注文したにもかかわらず，同人から「今日は帰れ。」と断られた上，刺身包丁を示され，「刺すなら刺してみろ。」と言われ，小心者と馬鹿にされたものと激高し酒の酔いも加わった勢いから，とっさに，同人が死亡する危険性が高い行為と分かっていながら，持ち合わせていた登山用ナイフ（刃体の長さ１０セ

－108－

(10) Contoh pembunuhan (dengan maksud yang nyata)

"Terdakwa, yang dipekerjakan oleh Bapak A (waktu itu berumur 62 tahun), dan tinggal di tempat orang yang sama di 5-2-4 Yamanaka-cho, Koto-ku, Tokyo, bertengkar dengan Bapak A karena ditegur waktu meneriaki orang yang lewat, terdakwa menjadi marah dan langsung memutuskan akan menghabiskan nyawa Bapak A. Terdakwa mengambil pisau kecil yang panjangnya 13 sentimeter dari lemari di kamar berukuran 6 lembar tatami (6-mat room) di kediaman Bapak A, sekitar Jam 7:00 malam tanggal 8 Maret XXXX, dan di tempat ini dengan tangan kiri terdakwa mencengkram leher A, kemudian sambil menyeretnya, dengan pisau kecil tersebut di atas yang dipegang dengan tangan kanan terdakwa menusuk Bapak A di dada kiri atas. Ketika Bapak A berusaha lari untuk menyelamatkan diri, terdakwa berhasil menyusulnya di jalan di depan kediamannya, dan menusuknya sekali lagi dengan pisau kecil tersebut, kali ini di punggung kiri atas sehingga menyebabkan Bapak A meninggal seketika karena pendarahan yang sangat banyak akibat luka tusukan yang menembus jantungnya. Perbuatan ini adalah pembunuhan."

(11) Contoh pembunuhan (kesengajaan dengan menyadari kemungkinan terjadi)

"Terdakwa, dari dulu menyimpan dendam terhadap Sdr. A (waktu itu berumur 30 tahun) pegawai di Bar "Hayabusa" yang terletak di 2-8-9 Yamanaka Chiyoda-ku, Tokyo, karena merasa dipandang hina. Ketika terdakwa bertamu di "Hayabusa" sebagai pelanggan, sekitar jam 1:30 siang tanggal 7 Agustus XXXX, Sdr. A menolak melayani sebotol bir yang dipesan oleh A, malah mengatakan kepadanya, "Pulang saja kau hari ini." dan kemudian menunjukkan sebilah pisau ikan ke depannya sambil mengatakan "Tusuk saya kalau kau bisa." Terdakwa, yang marah karena sifat penakutnya ditertawakan dan karena pengaruh minuman keras, meski mengetahui bahwa perbuatannya mungkin sekali menyebabkan kematian Sdr. A, terdakwa mengambil kesempatan ini untuk menusuk Sdr. A di perutnya sebelah kanan dengan pisau untuk mendaki gunung (benda tajam sepanjang 10 sentimeter), sehingga menyebabkan Sdr. A

ンチメートル）で，同人の右下腹部を１回突き刺し，よっ
て同月８日午前２時５分ころ，同区北川５丁目８番８号田
中病院において同人を右腎等刺切による失血のため死亡さ
せ，もって，同人を殺害したものである。」

(12)　銃砲刀剣類所持等取締法違反罪の例

「被告人は，法定の除外事由がないのに，平成○○年６
月７日午後７時ころ，横浜市田中町１丁目２番３号付近路
上に停車していた自己所有の普通乗用自動車内において，
回転弾倉式けん銃１丁をこれに適合する実砲１９発と共に
保管して所持したものである。」

(13)　出入国管理及び難民認定法違反罪の例

「被告人は，○○国国籍を有する外国人であり，平成○
○年３月１０日，同国政府発行の旅券を所持して，千葉県
成田市所在の成田国際空港に上陸し，我が国に入国したが，
在留期間が平成○○年４月１０日までであったのに，その
日までに在留期間の更新又は変更を受けないで我が国から
出国せず，平成○○年５月１１日まで，神奈川県大和市大
和町２丁目１４９番地に居住し，もって，在留期間を経過
して不法に本邦に残留したものである。」

(14)　窃盗罪（万引）の例

「被告人両名は，共謀の上，平成○○年３月４日午後零
時４５分ころ，東京都豊島区北山町１番２号株式会社北山
池袋店において，同店店長Ａ管理のシャープペンシル３８
本など合計８４点（定価合計３万０８５０円相当）を窃取
したものである。」

−110−

meninggal dunia karena pendarahan yang banyak akibat luka-luka tembus pada ginjal kanannya, dsb. di Rumah Sakit Tanaka yang terletak di 5-8-8 Kitagawa, Chiyoda-ku, sekitar jam 2:05 pagi tanggal 8 Agustus. Dengan demikian terdakwa telah membunuh Sdr. A."

(12) Contoh pelanggaran Undang-undang tentang Pengendalian Pemilikan Senjata Api atau Pedang, dan Senjata-senjata Semacamnya

"Terdakwa, tanpa adanya dasar hukum untuk perlakuan luar biasa, telah memiliki sebuah revolver bersama dengan 19 buah selongsong peluru, amunisi yang cocok untuk revolver tersebut, dengan menyimpannya di dalam mobilnya yang diparkir di pinggir jalan no. 1-2-3 Tanaka-cho, Yokohama-shi, sekitar jam 7:00 malam tanggal 7 Juni XXXX."

(13) Contoh pelanggaran Undang-undang Pengontrolan Imigrasi dan Pengakuan Pengungsi

"Terdakwa, seorang warganegara asing _____, memasuki Jepang dengan paspor yang dikeluarkan oleh pemerintah _____ melalui pendaratan di Bandara Internasional Narita, terletak di Narita-shi, Chiba-ken, pada tanggal 10 Maret XXXX. Tetapi meskipun izin tinggal yang sahnya hanya sampai tanggal 10 April tahun XXXX, sampai dengan hari tersebut tanpa melakukan pembaruan atau pun perubahan masa izin tinggal, terdakwa tidak meninggalkan Jepang, sampai dengan tanggal 11 Mei tahun XXXX terdakwa tinggal di 2-149 Yamato-cho, Yamato-shi, Kanagawa-ken, sehingga dengan demikian terdakwa tinggal di Jepang secara ilegal karena melewati jangka waktu yang sah yang telah ditetapkan di dalam paspornya."

(14) Contoh pencurian (pengutilan)

"Dua terdakwa berkomplot untuk mencuri dan melakukan pencurian 84 buah barang, termasuk 38 pensil mekanik hitam (harga tetap sejumlah 30.850 yen) dari toko Ikebukuro, Kitayama Inc., beralamat di 1-2 Kitayama-cho, Toshima-ku, Tokyo di bawah pimpinan Sdr.A, sekitar jam 12:45 siang tanggal 4 Maret XXXX."

(15) 窃盗罪（すり）の例

「被告人両名は，共謀の上，平成○○年３月４日午後４時５４分ころ，東京都台東区山下町１番２号付近路上で，被告人Ｘにおいて，通行中のＡ（当時３０歳）が右肩に掛けていたショルダーバッグ内から，同人所有の現金４万３７５９円及びキャッシュカード等６点在中の札入れ１個（時価約１万円相当）を抜き取って，これを窃取したものである。」

(16) 教唆の例（窃盗）

「被告人は，平成○○年３月４日午後２時ころ，東京都千代田区北山町３番６号Ａ方前路上において，Ｘに対し，「明日はこの家は留守になる。裏の戸はいつも開いているから，何か金目のものを取ってこい。」と申し向けて前記Ａ方から金品を窃取するようにそそのかし，Ｘをしてその旨決意させ，よって，同月５日午後３時ころ，前記Ａ方において，同人所有の腕時計１個（時価２０万円相当）を窃取するに至らせ，もって，窃盗の教唆をしたものである。」

(17) 幇助の例（窃盗）

「被告人は，Ｘが，平成○○年３月４日午後３時ころ，東京都千代田区北山町３番６号Ａ方において腕時計１個（時価２０万円相当）を窃取するに際し，Ａ方前路上でＸのため，見張りをし，もって，同人の犯行を容易ならしめてこれを幇助したものである。」

2　証拠の標目

判示第１の事実について

(15) Contoh pencurian (pencopetan)

"Dua pencopet berkomplot untuk mencuri dan mereka mencuri milik A, di mana salah seorang terdakwa X mencuri sebuah dompet (waktu itu bernilai 10.000 yen) berisikan uang tunai 43.759 yen dan 6 barang lainnya termasuk sebuah kartu tunai, semuanya milik A (waktu itu berumur 30 tahun) yang lewat di jalan, dari tas gantungnya yang tergantung di bahu kanannya ketika ia berjalan di dekat 1-2 Yamashita-cho, Taito-ku, Tokyo sekitar jam 4:54 sore tanggal 4 Maret XXXX."

(16) Contoh menghasut untuk melakukan kejahatan (pencurian)

"Terdakwa menghasut Sdr. X untuk mencuri uang dan barang-barang lainnya dari rumah kediaman Bapak A dengan mengatakan, "Semua orang penghuni rumah ini besok akan bepergian. Pintu belakang selalu dibiarkan terbuka. Masuk dan curilah uang atau barang berharga." Kata-kata ini yang diucapkan di depan tempat kediaman Bapak A terletak di 3-6 Kitayama-cho, Chiyoda-ku, Tokyo, sekitar jam 2:00 siang tanggal 4 Maret XXXX mendorong Sdr. X untuk mencuri. Akibatnya, Sdr. X mencuri sebuah jam tangan (harga sekarang sekitar 200.000 yen) milik Bapak A dari tempat kediaman Bapak A, sekitar jam 3:00 siang tanggal 5 bulan yang sama. Dengan demikian terdakwa telah menghasut orang lain untuk mencuri."

(17) Contoh membantu (pencurian)

"Ketika Sdr. X mencuri jam tangan (harga sekarang sekitar 200.000 yen) dari tempat tinggal Bapak A yang terletak di 3-6 Kitayama-cho, Chiyodaku, Tokyo, sekitar jam 3:00 sore tanggal 4 Maret XXXX, terdakwa mengawasi Sdr. X di jalan di depan rumah Bapak A, dan dengan demikian telah membantu Sdr. X dalam melakukan pencurian."

2. Daftar bukti

Mengenai bagian pertama dari fakta-fakta

- 被告人の当公判廷における供述
- 被告人の検察官に対する平成○○年2月15日付け供述調書
- 証人Aの当公判廷における供述
- Bの検察官に対する供述調書
- Cの司法警察員に対する供述調書（謄本）
- D作成の被害届
- 司法警察員作成の実況見分調書
- 司法巡査作成の平成○○年1月22日付け捜査報告書
- 鑑定人E作成の鑑定書
- 押収してある覚せい剤1袋（平成○○年押第○○号の1）
- ○○地方検察庁で保管中のけん銃1丁（平成○○年○地領第○○号の1）
- 分離前の相被告人Yの当公判廷における供述
- 第3回公判調書中の証人Aの供述部分
- 証人Cに対する当裁判所の尋問調書
- 証人Dに対する受命裁判官の尋問調書
- 当裁判所の検証調書
- 医師F作成の診断書

3 累犯前科

「被告人は，平成○○年3月26日○○簡易裁判所で窃盗罪により懲役8月に処せられ，平成○○年11月26日その刑の執行を受け終わったものであって，この事実は検察事務官作成の前科調書によってこれを認める。」

- Pernyataan lisan terdakwa di depan sidang pengadilan
- Pernyataan tertulis terdakwa tertanggal 15 Februari XXXX di depan penuntut umum
- Kesaksian saksi A pada sidang pengadilan
- Pernyataan tertulis B di depan penuntut umum
- Pernyataan tertulis C di depan petugas polisi yudisial (salinan)
- Laporan korban yang dibuat oleh D
- Laporan inspeksi di lapangan yang dibuat oleh petugas polisi yudisial
- Laporan pemeriksaan agen polisi yudisial tertanggal 22 Januari XXXX
- Surat pendapat ahli yang dibuat oleh ahli E
- Satu kantong plastik obat perangsang yang dibeslah/diambil (barang bukti nomor XX-1 tahun XXXX)
- Sebuah pistol tangan yang tersimpan di Kantor Kejaksaan Wilayah _____ (nomor XX-1 tahun XXXX)
- Pernyataan Sdr. Y, salah satu dari sesama terdakwa di pengadilan, sebelum dipisahkan untuk didengar keterangannya
- Kesaksian saksi A yang dicatat pada laporan sidang pengadilan yang ke 3
- Kesaksian saksi C yang dicatat dalam pemeriksaan di depan pengadilan ini
- Kesaksian saksi D yang dicatat dalam pemeriksaan di depan Hakim yang dikuasakan
- Catatan pemeriksaan oleh pengadilan ini
- Surat keterangan dokter oleh Dokter F

3. **Catatan kejahatan sebelumnya yang dapat memberatkan hukuman maksimum yang disyaratkan**

"Menurut dokumen petugas asisten penuntut umum mengenai catatan kejahatan, pengadilan ini mendapatkan bahwa terdakwa telah dihukum oleh Pengadilan Singkat _____ dengan hukuman penjara dengan kerja paksa 8 bulan karena pencurian pada tanggal 26 Maret XXXX dan pelaksanaan hukuman tersebut telah selesai pada tanggal 26 November XXXX."

–115–

4 確定判決

「被告人は，平成○○年３月１０日○○地方裁判所で傷害罪により懲役１年に処せられ，その裁判は同月２５日確定したものであって，この事実は検察事務官作成の前科調書によってこれを認める。」

5 法令の適用

「被告人の判示所為は刑法１９９条に該当するところ，所定刑中有期懲役刑を選択し，その刑期の範囲内で被告人を懲役８年に処し，同法２１条を適用して未決勾留日数中１２０日をその刑に算入し，押収してある刺身包丁１本（平成○○年押第○○号の１）は判示犯行の用に供した物で被告人以外の者に属しないから，同法１９条１項２号，２項本文を適用してこれを没収し，訴訟費用は，刑事訴訟法１８１条１項ただし書を適用して被告人に負担させないこととする。」

6 量刑の理由

出入国管理及び難民認定法違反の例

- ・ 本件は，Ｙ国国民である被告人が，定められた在留期間を越えて不法に我が国に残留したという事案である。
- ・ 被告人が我が国に不法に残留した期間が２年余りの長期であることなどに照らすと，被告人の刑事責任は重い。
- ・ 他方で，被告人は，本件犯行について反省の態度を示し，今後は，本国に帰って，まじめな生活を送りながら，立ち直っていくことを誓っていること，被告人と生活を共にしていた婚約者が，被告人の本国で被告人と結婚して共に生活する気持ちでおり，被告人に対する寛大な処

4. **Putusan yang telah menjadi terakhir dan mengikat**

"Menurut dokumen petugas asisten penuntut umum mengenai catatan kejahatan, pengadilan ini mendapatkan bahwa terdakwa telah dihukum oleh Pengadilan Wilayah _____ dengan hukuman penjara kerja paksa 1 tahun karena menyebabkan luka-luka badani pada tanggal 10 Maret XXXX dan putusan tersebut telah menjadi terakhir dan mengikat pada tanggal 25 Maret XXXX."

5. **Penerapan undang-undang dan peraturan**

"Perbuatan terdakwa tersebut merupakan pelanggaran terhadap Pasal 199 dari Undang-undang Hukum Pidana, dan pengadilan menghukum terdakwa dengan hukuman penjara dengan kerja paksa 8 tahun. Berdasarkan Pasal 21 dari Undang-undang Hukum Pidana, 120 hari dari penahanan menunggu sidang pengadilan dikurangi dari jangka waktu hukuman tersebut. Pisau ikan yang dibeslah (barang bukti nomor XX-1, tahun XXXX) milik terdakwa dan yang dipakai untuk melakukan pelangarannya disita berdasarkan Pasal 19 bab (1)-2 dan bab (2) Undang-undang yang sama. Terdakwa akan bebas dari pembayaran biaya perkara berdasarkan Pasal 181 bab (1) dari Undang-undang Hukum Pidana.

6. **Alasan penentuan hukuman**

Contoh pelanggaran Undang-undang Pengontrolan Imigrasi dan Pengakuan Pengungsi

- Perkara ini adalah terdakwa, warganegara negara Y, bermasalah tinggal melebihi batas waktu yang sah yang telah ditentukan di dalam paspor dan telah tinggal di Jepang secara ilegal.
- Menimbang bahwa masa tinggal terdakwa secara ilegal di Jepang lamanya telah melebihi dari waktu 2 tahun, tanggung jawab kasus pidana oleh terdakwa dipandang berat adanya.
- Di lain pihak, ada hal-hal yang membuat simpatik. Terdakwa menyesali perbuatannya dan telah berjanji pulang ke negaranya, sambil menjalani kehidupan baik-baik, berjanji akan memperbaiki diri, dan tunangannya

罰を訴えていることなど，被告人にとって酌むべき事情
もある。
・　そこで，これらの事情を総合して主文のとおり刑を量
定した。

第6章　控訴審における判決理由

1　理由の冒頭部分

　　本件控訴の趣意は，弁護人甲作成名義〈検察官乙提出〉の
控訴趣意書記載のとおりであり，これに対する答弁は，検察
官乙作成名義〈弁護人甲作成名義〉の答弁書記載のとおりで
あるから，これらを引用する。

　　控訴趣意中量刑不当〈事実誤認，訴訟手続の法令違反，理
由不備〉の主張（論旨）について

2　理由の本論部分

（1）　控訴棄却

　　　所論は，要するに，被告人には，本件輸入に係る物品が
覚せい剤であるとの認識がなかったのであるから，被告人
にその認識があったとして覚せい剤輸入の罪の成立を認め
た原判決には，判決に影響を及ぼすことが明らかな事実の
誤認があるというのである。しかし，原判決挙示の各証拠
によると，被告人は，本件に至るまで，貨物船○○の船員
として約20回日本国と○○国との間を往復している者で
ある上，○○国において船員としての教育を受けるに当た
り，覚せい罪等の密輸が禁止されていることや関税関係法
規等についての知識を得ていることが認められるから，覚
せい剤が概ねどのような物品であるかを承知していたと推

-118-

yang hidup bersama dengan terdakwa berkeinginan menikah dan hidup bersama di negara terdakwa, dan memohon agar dijatuhkan hukuman ringan dsb.

- Demikian, dengan mempertimbangkan berbagai keadaan tersebut, maka telah ditetapkan hukuman tersebut sebagaimana disebut dalam amar putusan.

VI. ALASAN DAN DASAR PUTUSAN PADA PENGADILAN TINGKAT BANDING

1. Bagian pembukaan

Maksud dari pengajuan banding perkara ini akan dikutip semuanya sebagaimana tercantum dalam Surat Prospektus Naik Banding yang dibuat atas nama Penasihat Hukum A <disampaikan oleh Penuntut Umum B>, mengenai jawaban terhadapnya adalah karena sesuai dengan apa yang tercantum di dalam Surat Jawaban atas nama Penuntut Umum B <dibuat atas nama Penasihat Hukum A>.

Mengenai hukuman yang tidak layak ⟨kesalahan dalam mencari fakta, pelanggaran undang-undang dan peraturan tentang prosedur, ketidaklengkapan alasan⟩ antara alasan untuk naik banding sebagaimana tercantum dalam Surat Prospektus Naik Banding

2. Bagian isi pokok pada alasan

(1) Penolakan banding

Pokok-pokok Surat Prospektus Naik Banding adalah: karena terdakwa tidak menyadari barang perkara yang diimpornya adalah obat perangsang, sehingga putusan hukuman pengadilan tingkat pertama yang mengesahkan kesalahan pada hal mengimpor obat perangsang dilakukan terdakwa dengan sadar, memengaruhi pada putusan hukuman yang berarti menunjukkan dengan jelas adanya kesalahan pada fakta yang nyata. Tetapi, berdasarkan masing-masing bukti yang ditunjukkan pada putusan pengadilan tingkat pertama, terdakwa sampai dengan melakukan perkara ini, sebagai awak kapal pada kapal _____ telah kira-kira 20 kali bolak-balik antara Jepang dan negara _____, waktu mendapat pelajaran sebagai awak kapal di negara _____, karena diakui bahwa terdakwa telah mendapatkan pengetahuan dilarangnya menyelundupkan obat perangsang, tentang hukum kepabeaan dsb, jadi diduga mengetahui secara umum jenis barang obat perangsang. Dengan begitu, waktu diminta mengangkut barang perkara ini dari A,

–119–

認されるところである。そして，このことを前提として，甲から本件物品の運搬を依頼された際の物品の運搬ないし引渡しの方法についての指示内容が極めて密行性を帯びたものであったこと，被告人は本件物品がビニール製5袋に分けられた白色の結晶状を呈した物質であることを確認していること，搬入の手段，方法が覚せい剤等を持ち込む際によく行われる典型的な隠匿運搬方法を採っていること，その他本件発覚前後の証拠隠滅工作，被告人の捜査官に対する供述の内容等記録によって認められる諸事情をも考え合わせると，本件物品が覚せい剤であるとは知らなかったという被告人の弁解は到底信用できるものではなく，本件輸入の際，被告人は本件物品が覚せい剤であるとの認識を有していたと認めるのが相当である。

したがって，原判決がその挙示する各証拠を総合して原判示事実を認定したことは相当であり，原判決に事実誤認はないから，論旨は理由がない。

(2)　破棄自判

所論は，要するに，被告人を禁錮1年6月に処した原判決の量刑は重すぎて不当であるというのである。

記録によれば，本件事故は，被告人が前車の発進に気を許し左方の安全を確認することなく発進進行した過失により，折から横断歩道上を自転車に乗って進行していた被害者に自車を衝突転倒させ死亡させたというものであって，過失及び結果の重大性にかんがみると，所論指摘の被告人に有利な事情を十分考慮しても，原判決の量刑は，その宣

-120-

mengenai cara pengangkutannya atau pun cara penyerahan barangnya, serta isi dari petunjuknya yang benar-benar terselubung rahasia, terdakwa bisa memastikan barang perkara ini yang dipisah-pisahkan dalam 5 bungkus kantong plastik adalah barang yang tampak berbentuk kristal warna putih, lalu tindakan dan cara mengangkatnya ke dalam memakai cara pengangkutan menimbun tipikal, selain itu, ada usaha melenyapkan bukti-bukti sebelum dan sesudah ditemukannya perkara ini, dan juga bila digabungkan berbagai hal yang telah diakui berdasarkan isi pernyataan tertulis terdakwa di depan petugas pemeriksa, pembelaan diri bahwa terdakwa tidak mengetahui barang perkara sebagai obat perangsang, tidak bisa dipercaya, sehingga dengan telah mengimpornya terdakwa pantas disahkan sebagali menyadari barang perkara sebagai obat perangsang.

Sesuai dengan itu, pantas adanya mengesahkan fakta-fakta yang ditunjukkan pada pengadilan tingkat pertama dengan menggabungkan tiap-tiap bukti yang ditunjukkan pada putusan pengadilan tingkat pertama dan tidak ada kesalahan dalam mencari fakta pada putusan pengadilan tingkat pertama. Maka tidak ada alasan pada pokok persoalan.

(2) Pembalikan putusan pengadilan tingkat pertama dan penjatuhan putusan sendiri

Menurut argumen yang diajukan, pada pokoknya hukuman penjara tanpa kerja paksa 1 tahun 6 bulan yang dijatuhkan kepada terdakwa dengan putusan pada tingkat pertama adalah terlalu berat dan tidak adil.

Menurut catatannya, kecelakaan dalam perkara ini disebabkan oleh kelalaian terdakwa yang memajukan kendaraan tanpa memastikan keselamatan arah kiri karena perhatiannya tertarik pada kendaraan di depannya yang berangkat dan melaju, sehingga telah menyebabkan kendaraannya menabrak korban yang kebetulan sedang naik sepeda melaju di trotoar penyebrangan sehingga korban terjatuh dan meninggal dunia, dan berkenaan dengan pentingnya hal kelalaian dan akibatnya, meskipun mempertimbangkan dengan cukup hal-hal yang menguntungkan terdakwa yang ditunjukkan pada argumennya, hukuman putusan pengadilan tingkat pertama pada waktu yang dijatuhkan dapat disahkan sebagai pantas

告時においては相当であったと認めることができる。

　しかし，当審事実取調べの結果によれば，原判決後，被害者の遺族との間に，さらに任意保険等から・・・・合計２０００万円を支払うことで示談が成立していること，示談の成立に伴い被害感情は一層和らぎ，被害者の遺族から寛大な処分を望む旨の上申がなされるに至っていることなどの事情が認められ，これによれば，原判決の量刑は，現時点においては刑の執行を猶予しなかった点において重きに失し，これを破棄しなければ明らかに正義に反するといわなければならない。

3　法令の適用部分

(1)　控訴棄却

　よって，刑訴法３９６条により本件控訴を棄却し，刑法２１条により当審における未決勾留日数中５０日を原判決の刑に算入し，当審における訴訟費用は刑訴法１８１条１項本文を適用して被告人に負担させることとし，主文のとおり判決する。

(2)　破棄自判

　よって，刑訴法３９７条２項により原判決を破棄し，同法４００条ただし書により更に次のとおり判決する。

　原判決が認定した罪となるべき事実に原判決と同一の法令を適用（科刑上一罪の処理，刑種の選択を含む。）し，その刑期の範囲内で被告人を懲役２年１０月に処し，刑法２１条により原審における未決勾留日数中５０日をその刑に算入し，原審及び当審における訴訟費用は刑訴法１８１

－122－

adanya.

Tetapi, berdasarkan hasil pemeriksaan fakta-fakta di pengadilan ini, setelah putusan pengadilan tingkat pertama, antara terdakwa dengan keluarga korban dicapai kesepakatan di luar sidang untuk membayar uang sejumlah total 20 juta yen dari santunan asuransi dsb....., yang mana bersamaan dengan tercapainya kesepakatan, perasaan dirugikan pun bertambah lunak, sampai permohonan dari keluarga korban agar kepada terdakwa dijatuhkan hukuman yang ringan dsb. diterima, dan berdasarkan ini, hukuman pada putusan pengadilan tingkat pertama dinilai terlalu berat, saat ini, pada hal bahwa putusan pengadilan tingkat pertama tidak memberikan penundaan pelaksanaan hukuman. Hal ini harus dikatakan secara jelas bertentangan dengan perikeadilan kalau pengadilan ini tidak memerintahkan pembalikan mengenai hal ini.

3. Penerapan undang-undang dan peraturan

(1) Penolakan banding

Dengan demikian, berdasarkan Pasal 396 Undang-undang Hukum Acara Pidana, maka naik banding perkara ini dinyatakan ditolak, kemudian berdasarkan Pasal 21 Hukum Pidana, sejumlah 50 hari persidangan ini dari jumlah hari penahanan menunggu sidang pengadilan dimasukkan ke dalam hukuman putusan pengadilan tingkat pertama, dan terhadap biaya perkara persidangan ini diterapkan Pasal 181 bab (1) Undang-undang Hukum Acara Pidana, yakni akan dibebankan kepada terdakwa, dan dijatuhkan putusan sebagaimana disebut dalam amar putusan.

(2) Pembalikan putusan pengadilan tingkat pertama dan penjatuhan putusan sendiri

Dengan demikian, berdasarkan Pasal 397 bab (2) Undang-undang Hukum Acara Pidana, maka putusan pengadilan tingkat pertama dinyatakan ditolak, dan dengan Ketentuan Tambahan Pasal 400 Hukum tersebut, dijatuhkan putusan sebagai berikut:

Terhadap fakta-fakta yang merupakan kejahatan yang telah disahkan oleh pengadilan tingkat pertama, diterapkan undang-undang dan peraturan yang sama dengan putusan pengadilan tingkat pertama (termasuk penerapan peraturan yang menganggap beberapa tindak kejahatan sebagai satu tindak kejahatan untuk tujuan vonis dan pilihan jenis hukumannya), dan di dalam batas waktu masa hukuman tersebut, terdakwa dijatuhi hukuman penjara dengan kerja paksa 2 tahun 10 bulan, dan berdasarkan Pasal 21 Hukum Pidana, 50 hari dari seluruh jumlah hari penahanan menunggu sidang pengadilan perkara ini diperhitungkan pada hukuman tersebut, dan terhadap biaya perkara sidang pengadilan tingkat pertama dan sidang pengadilan ini diterapkan Ketentuan Tambahan Pasal 181 bab (1) Undang-

条1項ただし書を適用して被告人に負担させないこととし，主文のとおり判決する。

(3) 破棄差戻し

　　よって，刑訴法３９７条１項，３７７条３号により原判決を破棄し，同法４００条本文により本件を原裁判所である○○簡易裁判所に差し戻すこととし，主文のとおり判決する。

undang Hukum Acara Pidana, yakni tidak akan dibebankan kepada terdakwa, dan dijatuhkan putusan sebagaimana disebut dalam amar putusan.

(3) Pembalikan dan pengiriman kembali

Dengan demikian, berdasarkan Pasal 397 bab (1) dan Pasal 377 nomor 3 Undang-undang Hukum Acara Pidana, maka putusan pengadilan tingkat pertama dinyatakan dibatalkan, kemudian berdasarkan isi teks Pasal 400 Hukum tersebut yang sama, maka perkara ini dikembalikan ke Pengadilan Singkat _____ yang merupakan pengadilan tingkat pertama, dan dijatuhkan putusan sebagaimana disebut dalam amar putusan.

第４編

法律用語等の対訳

第八章

地球の熱環境の研究

法律用語【あ行】

第4編　法律用語等の対訳

第1章　法律用語の対訳

【あ　行】

- 相被告人 [共同被告人]
  - sesama terdakwa; co-terdakwa
- あおる
  - menghasut, mendorong
- アリバイ
  - alibi
- アルコール中毒
  - kecanduan alkohol
- 言い渡す
  - menjatuhkan, menyatakan
- 異議
  - keberatan
- 異議の申立て
  - pengajuan keberatan
- 意見陳述
  - pernyataan pendapat
- 移送（被告事件の）
  - pemindahan (perkara dakwaan; perkara yang dituntut oleh penuntut umum)
- 移送（被告人の）
  - pemindahan (terdakwa)
- 一事不再理
  - prinsip pelarangan penuntutan dua kali terhadap suatu perkara yang sudah diadili dengan putusan hukum tertentu
- 遺伝
  - keturunan
- 居直り強盗
  - pencuri yang menyerang atau mengancam melakukan kekerasan pada saat tertangkap basah
- 違法収集証拠
  - bukti yang diperoleh secara ilegal
- 違法性
  - pelanggaran hukum, ketidakabsahan
- 違法性阻却事由
  - faktor yang dapat membenarkan pelanggaran hukum
- 医療刑務所
  - penjara medis; fasilitas perawatan medis bagi tahanan
- 医療の終了
  - penyelesaian perawatan medis
- 因果関係
  - hubungan sebab-akibat
- 因果関係の中断
  - terputusnya hubungan sebab-akibat
- インターネット異性紹介事業
  - usaha perkenalan lawan jenis di internet; jasa kencan online

–127–

法律用語【あ・か行】

・引致	・menghadapkan secara paksa seorang tersangka, saksi, atau korban ke kantor-kantor pemerintahan berdasarkan surat penangkapan
・隠匿する	・menyembunyikan; melindungi
・員面調書	・pernyataan tertulis tersangka, saksi, atau korban yang dibuat terlebih dahulu oleh petugas polisi
・うそ発見器	・alat menemukan kebohongan
・疑うに足りる相当な理由	・alasan yang cukup kuat untuk mencurigai
・写し	・salinan
・うつ病	・penyakit depresif, tekanan mental
・営業秘密	・rahasia dagang
・営利の目的	・niat untuk mendapatkan keuntungan dari kegiatan kejahatan
・閲覧する	・memeriksa atau membaca surat-surat, dsb.
・えん罪	・hukuman atas kesalahan yang tidak dilakukan
・援用	・pengutipan bahan lain sebagai pembantu pembelaan diri
・押印	・cap
・押収	・penyitaan, pembeslahan
・押収物	・barang sitaan, barang beslahan
・汚職	・korupsi
・おとり捜査	・penyelidikan dengan memancing penjahat
・恩赦	・amnesti, grasi, pengampunan

【か　行】

・戒護	・memelihara keamanan di penjara
・改ざんする	・memalsukan, mengubah (untuk tujuan kejahatan)
・開示	・pertunjukan

法律用語【か行】

・改悛の情	・rasa penyesalan
・外傷性	・luka-luka badani
・海上保安庁	・Penjaga Pantai Jepang
・海上保安留置施設	・Fasilitas Tahanan Penjaga Pantai Jepang
・開廷	・pembukaan sidang
・回答書	・surat jawaban
・外務省	・Kementerian Luar Negeri
・科学警察研究所（科警研）	・Institut Penelitian Ilmu Kepolisian Nasional
・覚せい剤	・obat perangsang
・覚せい剤中毒者	・pecandu obat perangsang
・確定	・penetapan, penentuan
・確定判決	・putusan yang telah menjadi terakhir dan mengikat
・科刑上一罪	・peraturan yang menganggap beberapa tindak kejahatan sebagai satu tindak kejahatan untuk tujuan vonis
・過失	・kelalaian, kekeliruan
・過失犯	・pidana kelalaian
・過剰避難	・penghindaran bahaya yang berlebihan
・過剰防衛	・pembelaan terpaksa yang berlebihan (tidak dapat dibenarkan)
・加重	・penambahan jumlah hukuman
・家庭裁判所（家裁）	・pengadilan keluarga
・家庭裁判所調査官	・petugas pemeriksa pengadilan keluarga
・可罰的違法性	・pelanggaran hukum yang pantas dijatuhi hukuman
・仮釈放	・pembebasan bersyarat
・仮納付	・pembayaran sementara
・仮放免	・pembebasan sementara
・過料	・denda
・科料	・denda ringan

−129−

法律用語【か行】

・簡易公判手続	・prosedur sidang pengadilan yang disederhanakan
・簡易裁判所（簡裁）	・pengadilan singkat
・姦淫	・perzinaan
・管轄	・berkuasa (secara hukum) atas suatu wilayah
・管轄違い	・tidak punya kewenangan mengadili
・間接事実	・fakta tidak langsung
・間接証拠	・bukti tidak langsung
・間接正犯	・pelaku pidana utama tidak langsung
・監置	・penahanan atas perintah pengadilan
・鑑定	・pengujian oleh para ahli; pendapat para ahli
・鑑定証人	・kesaksian dari para ahli
・鑑定嘱託書	・dokumen untuk meminta pendapat dari para ahli
・（鑑定その他）医療的観察	・pengawasan medis (pengujian para ahli, dll.)
・鑑定手続実施決定	・keputusan pelaksanaan pengujian oleh para ahli
・鑑定入院命令	・perintah masuk rumah sakit untuk pengujian oleh para ahli
・鑑定人	・ahli
・鑑定留置	・penahanan tersangka atas perintah pengadilan untuk pemeriksaan oleh para ahli
・観念的競合	・kejahatan yang melanggar lebih dari satu hukum
・還付	・pengembalian barang sitaan
・管理売春	・menjalankan usaha pelacuran
・期間	・masa, jangka waktu
・棄却する	・menolak tuntutan
・偽計	・rencana penipuan

−130−

法律用語【か行】

・期日	・tanggal
・期日間整理手続	・prosedur konferensi interim
・期日間整理手続調書	・berita acara prosedur konferensi interim
・既遂	・kejahatan yang telah rampung
・偽造	・pemalsuan
・起訴事実	・fakta tuntutan
・起訴状	・surat tuntutan
・起訴状の訂正	・revisi surat tuntutan
・起訴する	・menuntut ke pengadilan
・起訴猶予	・penundaan penuntutan
・既判力	・efek dimana putusan hukum yang telah dijatuhkan akan menyudahi perkara
・忌避	・pelepasan hakim, dsb. dari tugasnya; diskualifikasi
・基本的人権	・hak asasi manusia
・欺罔する（欺く）	・menipu, memperdaya
・客体の錯誤	・kesalahan objek
・却下する	・menolak
・求刑	・penuntutan hukuman
・急迫の危険	・bahaya yang mendesak
・急迫不正の侵害	・bahaya yang mendesak dan tidak sesuai hukum
・恐喝する	・memeras
・凶器	・senjata tajam
・教唆する	・menghasut, mendorong untuk melakukan kejahatan
・供述	・pernyataan lisan oleh tersangka, saksi, korban, dsb.
・供述拒否権	・hak menolak memberikan pernyataan lisan
・供述書	・surat pernyataan lisan

−131−

法律用語【か行】

- 供述調書
- catatan pemeriksa mengenai pernyataan lisan; pernyataan tertulis
- 供述の任意性
- kesukarelaan memberi pernyataan lisan
- ［強制］送還
- pemulangan secara paksa
- 強制捜査
- pemeriksaan secara paksa
- 共同正犯
- sesama pelaku tindak pidana
- 共同被告人
- sesama terdakwa
- 共同暴行
- penyerangan/perkosaan oleh lebih dari satu pelaku atau secara kelompok
- 脅迫する
- mengancam, mengintimidasi
- 共犯
- kejahatan oleh lebih dari satu pelaku
- 共謀
- berkomplot
- 共謀共同正犯
- sesama anggota komplotan
- 業務上過失
- kelalaian dalam jabatan
- 業務上の注意義務
- standar-standar/kewajiban-kewajiban dalam jabatan
- 挙証責任
- tanggung jawab penyediaan bukti atas tuntutan yang diajukan
- 緊急逮捕
- penahanan tanpa surat perintah dalam hal darurat
- 緊急避難
- penghindaran dari bahaya yang mendadak mengancam
- 禁錮
- hukuman penjara tanpa kerja paksa
- 禁制品
- barang terlarang
- 区
- distrik kota
- 区検察庁（区検）
- kantor kejaksaan distrik
- 区分審理
- pembagian proses pemeriksaan perkara multi kasus terhadap tuntutan orang yang sama pada sistem hakim warganegara
- 刑期
- masa hukuman
- 警告
- peringatan
- 警察署
- kantor polisi
- 警察庁
- Badan Kepolisian Nasional

－132－

法律用語【か行】

・警察庁次長	・Wakil Komisaris Jenderal Badan Kepolisian Nasional
・警察庁長官	・Komisaris Jenderal Badan Kepolisian Nasional
・警視	・pengawas polisi
・警視監	・penasihat pengawas polisi
・刑事施設	・fasilitas pidana; penjara
・刑事収容施設	・fasilitas penahanan pidana
・刑事処分	・penyelesaian pidana (penjatuhan hukuman atas suatu tindak pidana)
・警視正	・pengawas senior polisi
・刑事責任	・pertanggungjawaban pidana
・警視総監	・Pengawas Umum Departemen Kepolisian Metropolis
・刑事第1部	・Divisi Pidana 1
・警視庁	・Departemen Kepolisian Metropolis
・警視長	・kepala pengawas
・刑事未成年者	・anak di bawah umur menurut hukum
・刑の量定に影響を及ぼす情状	・hal-hal yang mempengaruhi penetapan berat hukuman
・刑罰	・hukuman
・頚部	・bagian leher
・警部	・inspektur polisi
・警部補	・asisten inspektur polisi
・刑務官	・petugas penjara
・刑務所	・penjara
・刑務所長	・kepala penjara
・結果回避義務	・kewajiban menghindari risiko
・欠格事由	・alasan dasar untuk diskualifikasi; alasan dasar tidak cakap untuk penunjukan
・結果的加重犯	・kejahatan ringan berakibat fatal yang pada akhirnya memperberat hukuman

-133-

法律用語【か行】

・結審する	・mengakhiri pemeriksaan/persidangan
・決定	・keputusan
・県	・prefektur
・原因において自由な行為	・tindakan atas kebebasan mengenai sebab
・厳格な証明	・pembuktian yang ketat
・県警察本部	・markas besar kepolisian prefektur
・現行犯	・tindak/pelaku kejahatan yang tertangkap basah
・現行犯人逮捕手続書	・catatan prosedur penahanan pelaku kejahatan yang kedapatan sedang atau telah melakukan perbuatannya
・原裁判所	・pengadilan tingkat pertama (untuk pengadilan banding); pengadilan tingkat banding (untuk Mahkamah Agung); pengadilan orisinal
・検察官	・penuntut umum
・検察官請求証拠	・bukti untuk pemeriksaan yang diminta penuntut umum
・検察事務官	・petugas asisten penuntut umum
・検察審査員	・anggota komisi pemeriksaan legalnya penuntutan
・検察審査会	・komisi pemeriksaan legalnya penuntutan
・検視	・pemeriksaan mayat
・検事	・jaksa
・検事正	・kepala jaksa; kepala kantor kejaksaan wilayah
・検事総長	・Jaksa Agung
・検事長	・jaksa pengawas
・現住建造物	・bangunan yang sedang didiami
・検証	・pemeriksaan tempat kejadian, bukti, dsb.
・検証調書	・berita acara pemeriksaan tempat kejadian

−134−

法律用語【か行】

・原審	・pengadilan tingkat pertama (untuk pengadilan banding); pengadilan tingkat banding (untuk Mahkamah Agung); pengadilan orisinal
・原審弁護人	・penasihat hukum pada pengadilan tingkat pertama (untuk pengadilan banding); penasihat hukum pada pengadilan tingkat banding (untuk Mahkamah Agung); penasihat hukum pada pengadilan orisinal
・限定責任能力	・tanggung jawab terbatas atas kejahatan
・原判決	・putusan pengadilan tingkat pertama (untuk pengadilan banding); putusan pengadilan tingkat banding (untuk Mahkamah Agung); putusan orisinal
・憲法違反	・pelanggaran undang-undang dasar
・原本	・dokumen asli
・検面調書	・pernyataan tertulis yang dibuat terlebih dahulu oleh penuntut umum
・権利保釈	・pelepasan dengan jaminan wajib
・牽連犯	・kejahatan yang cara atau akibatnya melanggar lebih dari satu hukum
・故意	・niat
・合意書面	・surat kesepakatan
・勾引状	・surat perintah hadir di pengadilan
・勾引する	・menghadiri pengadilan
・合議体	・perundingan/panel
・公共職業安定所（職安）	・Kantor Penempatan Tenaga Kerja Umum (Hello Work)
・抗拒不能	・tidak berlaku penolakan
・後見監督人	・pengawas wali
・後見人	・wali
・抗告	・naik banding ke pengadilan tinggi
・抗告裁判所	・pengadilan banding
・抗告の趣旨	・tujuan permohonan banding

–135–

法律用語【か行】

・抗告の取下げ	・penarikan kembali permohonan banding
・公使	・duta
・強取する	・merampas
・公序良俗	・ketertiban umum dan moral
・更新する	・membarui
・更生	・pemasyarakatan (pelanggar)
・更正決定	・keputusan koreksi atas keputusan persidangan
・構成裁判官	・para hakim yang membentuk panel di bawah sistem hakim warganegara
・構成要件	・unsur-unsur struktural dari sebuah kejahatan
・厚生労働省	・Kementerian Kesehatan, Tenaga Kerja dan Kesejahteraan
・厚生労働大臣	・Menteri Kesehatan, Tenaga Kerja dan Kesejahteraan
・控訴	・naik banding, kasasi
・公訴	・penuntutan
・公訴棄却	・penolakan penuntutan
・控訴棄却	・penolakan banding, penolakan kasasi
・公訴権濫用	・penyalahgunaan kuasa penuntutan
・控訴裁判所	・pengadilan banding
・公訴時効	・pembatasan masa penuntutan
・公訴事実	・fakta-fakta yang dituduhkan
・控訴趣意書	・surat prospektus naik banding
・控訴審	・(persidangan pada) pengadilan tingkat banding
・公訴提起	・pengajuan penuntutan
・控訴提起期間	・masa pengajuan banding
・控訴申立書	・pleidoi pengajuan banding
・控訴理由	・alasan pengajuan banding
・拘置所	・fasilitas penahanan

—136—

法律用語【か行】

・交通切符	・surat tilang lalu lintas
・交通事件原票	・catatan polisi mengenai kasus lalu lintas
・交通反則金	・denda pelanggaran lalu lintas
・口頭	・lisan
・高等検察庁（高検）	・kantor kejaksaan tinggi
・高等裁判所（高裁）	・pengadilan tinggi
・高等裁判所長官	・ketua pengadilan tinggi
・口頭弁論	・argumen lisan
・公判期日	・tanggal sidang pengadilan
・公判準備	・persiapan sidang pengadilan
・公判調書	・laporan sidang pengadilan
・公判廷	・kantor pengadilan dimana sidang diadakan
・公判手続	・prosedur sidang pengadilan
・公判前整理手続	・prosedur konferensi prapersidangan
・公判前整理手続期日	・tanggal prosedur konferensi pra-persidangan
・公判前整理手続調書	・berita acara prosedur konferensi pra-persidangan
・交付送達	・pelayanan pengiriman dokumen oleh pengadilan
・公文書	・surat dinas, surat resmi
・公務員	・pegawai negeri
・拷問	・penyiksaaan (bertujuan memaksa ter-sangka mengakui suatu tindak kejahatan)
・公用文書	・surat urusan dinas
・勾留	・penahanan
・拘留	・hukuman penjara tanpa kerja paksa
・勾留執行停止	・penghentian pelaksanaan penahanan
・勾留状	・surat perintah penahanan
・勾留理由開示	・menunjukkan alasan penahanan

−137−

法律用語【か・さ行】

・コカイン	・kokain
・呼気アルコール濃度	・kadar alkohol dalam napas
・語気を荒げて	・nada suara yang kasar
・国外犯	・kejahatan yang dilakukan di luar Jepang
・国際司法共助	・bantuan hukum internasional
・国籍	・kewarganegaraan, kebangsaan
・国選被害者参加弁護士	・pengacara yang ditunjuk oleh pengadilan untuk korban
・国選弁護人	・penasehat hukum terdakwa yang ditunjuk oleh pengadilan
・告訴	・pengaduan oleh korban (atau keluarga korban)
・告訴状	・pengaduan tertulis
・告知する	・memberitahukan
・告発	・pengaduan, gugatan
・告発状	・surat pengaduan/gugatan
・戸籍抄本	・salinan sebagian dari surat keluarga
・戸籍謄本	・salinan surat keluarga
・護送	・pengawalan
・誤想防衛	・pembelaan diri yang salah
・国家公安委員会	・Komisi Keamanan Umum Nasional
・誤判	・putusan yang salah

【さ 行】

・罪刑法定主義	・prinsip "tiada hukuman atau kejahatan tanpa hukum yang telah ditetapkan sebelumnya"
・裁決	・pengambilan putusan
・最高検察庁（最高検）	・Kantor Kejaksaan Agung
・再抗告	・mengajukan banding ulang
・最高裁判所（最高裁）	・Mahkamah Agung
・最高裁判所長官	・Ketua Mahkamah Agung

−138−

法律用語【さ行】

・最高裁判所判事	・hakim Mahkamah Agung
・最終弁論	・argumen terakhir
・罪証隠滅のおそれ	・kekhawatiran akan melenyapkan atau menyembunyikan bukti kejahatan
・罪状認否	・jawaban tersangka mengenai mengakui atau tidak mengakui fakta kejahatan yang dituduhkan
・再審	・pemeriksaan kembali (ulang)
・再審開始決定	・penetapan pembukaan pemeriksaan ulang
・再審事由	・fakta penyebab pemeriksaan ulang
・罪数	・jumlah tindakan kejahatan
・罪体	・objek dari tindak kriminal
・在庁略式手続	・prosedur singkat dilakukan sementara untuk menahan tersangka di dalam gedung pengadilan
・在廷証人	・saksi di pengadilan
・再入国許可	・re-entry permit (izin untuk kembali ke dalam negeri)
・採尿手続	・prosedur pengambilan urine
・再犯	・kejahatan yang diulang
・裁判	・pengadilan, sidang, persidangan
・裁判員	・hakim warganegara
・裁判員候補者	・calon hakim warganegara
・裁判員等選任手続	・prosedur pemilihan hakim warganegara, dsb.
・再犯加重	・hukuman kumulatif bagi perbuatan kejahatan kedua
・裁判官	・hakim
・裁判官の面前における供述	・pernyataan lisan di depan hakim
・裁判権	・yurisdiksi, hak pengadilan untuk mengadili tindak kejahatan
・裁判所	・pengadilan, mahkamah
・裁判所事務官	・petugas administrasi pengadilan

法律用語【さ行】

・裁判所書記官	・panitera pengadilan
・裁判所速記官	・juru steno pengadilan
・再反対尋問	・pertanyaan silang ulang
・裁判長	・hakim ketua
・裁判を受ける権利	・hak untuk diadili secara adil dan cepat di depan juri yang netral
・財物	・benda objek kejahatan seperti pencurian, penipuan, dsb. yang memiliki nilai untuk dilindungi
・罪名	・nama kejahatan
・在留期間の更新許可	・izin perpanjangan masa tinggal
・在留資格	・status izin tinggal
・在留資格証明書	・surat keterangan status izin tinggal
・裁量保釈	・kebijaksanaan pelepasan dengan jaminan
・錯誤	・kesalahan
・酒酔い・酒気帯び鑑識カード	・alat pengukur tingkat kemabukan, catatan breathalyzer
・差押え	・penyitaan, penyegelan
・差押調書	・laporan penyitaan
・差し戻す	・mengembalikan
・査証（ビザ）	・visa
・査証相互免除	・bebas visa antar negara
・参考人	・orang di luar tersangka yang diperiksa oleh badan penyelidik untuk penyidikan peristiwa kejahatan seperti korban kejahatan, saksi mata, dsb.
・資格外活動許可	・izin untuk melakukan kegiatan di luar status izin tinggal
・自救行為	・perbuatan membela diri, swabela
・死刑	・hukuman mati
・事件受理	・penerimaan pengaduan perkara
・時効	・kedaluwarsaan

法律用語【さ行】

- 事後審
  - pemeriksaan tepatnya putusan pengadilan tingkat pertama (untuk pengadilan banding)/pengadilan banding (untuk Mahkamah Agung) oleh pengadilan banding/Mahkamah Agung
- 自己に不利益な供述
  - pernyataan lisan yang tidak meng-untungkan diri sendiri
- 自己負罪拒否特権
  - hak menolak memberikan keterangan bila dikhawatirkan dapat memberatkan diri sendiri
- 自己矛盾の供述
  - pernyataan lisan yang berlawanan dengan diri sendiri
- 事実誤認
  - kesalahan dalam mencari fakta
- 事実審
  - persidangan pencarian fakta
- 事実の錯誤
  - kesalahan pada fakta
- 事実の取調べをする
  - memeriksa fakta yang sebenarnya
- 自首
  - penyerahan diri secara sukarela
- 事前準備
  - persiapan sebelumnya
- 私選弁護人
  - penasihat hukum yang disewa sendiri
- 刺創
  - luka tusukan
- 死体検案書
  - surat keterangan autopsi mayat
- 辞退事由
  - alasan dasar pengunduran penunjukan sebagai hakim warganegara
- 示談書
  - surat penyelesaian perkara di luar peng-adilan
- 示談する
  - menyelesaikan perkara di luar pengadilan
- 次長検事
  - Wakil Jaksa Agung
- 市町村
  - kota/desa; munisipalitas
- 市町村長
  - walikota/kepala desa; kepala munisipalitas
- 失火
  - kebakaran akibat kelalaian
- 実況見分調書
  - laporan inspeksi di lapangan
- 実刑
  - hukuman penjara tanpa masa penundaan pelaksanaan hukuman
- 失血死
  - mati karena kehabisan darah

−141−

法律用語【さ行】

・執行	・pelaksanaan sanksi/hukuman
・実行行為	・pelaksanaan perbuatan kejahatan
・執行停止	・menghentikan pelaksanaan sanksi/hukuman
・実行の着手	・permulaan pelaksanaan perbuatan kejahatan
・執行猶予	・penundaan pelaksanaan suatu keputusan
・質問票	・daftar pertanyaan (untuk calon hakim warganegara)
・指定医療機関	・lembaga medis yang ditunjuk
・指定侵入工具	・alat-alat yang ditunjuk untuk mendobrak masuk ke dalam rumah
・指定通院医療機関	・lembaga medis ditunjuk untuk rawat jalan
・指定入院医療機関	・lembaga medis ditunjuk untuk rawat inap
・刺突	・menusuk dalam-dalam
・児童買春	・membeli seks anak; pelacuran anak
・自白	・pengakuan
・自費出国	・kembali ke negara asal atas biaya sendiri
・事物管轄	・hak untuk menangani suatu perkara hukum
・司法警察員	・petugas polisi yudisial
・司法警察職員	・pegawai polisi yudisial
・司法巡査	・agen polisi yudisial
・死亡診断書	・surat keterangan kematian
・始末書	・surat pernyataan maaf
・氏名照会回答書	・jawaban atas pertanyaan mengenai identifikasi
・指紋照会回答書	・jawaban atas pertanyaan mengenai sidik jari
・社会通念	・konsepsi masyarakat
・社会的相当行為	・perbuatan yang secara sosial dapat dipertanggungjawabkan
・社会に復帰することを促進する	・meningkatkan pemasyarakatan

–142–

法律用語【さ行】

・社会復帰調整官	・koordinator pemasyarakatan
・釈放	・pelepasan, pembebasan
・釈明	・penjelasan (yang dilakukan tersangka atas kesalahpahaman atau kritikan yang ditujukan padanya)
・酌量減軽	・peringanan hukuman dengan mempertimbangkan hal-hal tertentu
・写真撮影報告書	・laporan pemeriksaan yang memuat foto-foto
・遮へい	・perlindungan
・重過失	・kelalaian besar
・収容	・membawa ke penjara
・住居	・rumah tempat tinggal
・就職禁止事由	・alasan dasar diskualifikasi sebagai hakim warganegara
・囚人	・tahanan
・自由心証主義	・prinsip kebebasan hakim menilai kebenaran dari bukti-bukti
・周旋する	・menengahi
・重大な事実の誤認	・kesalahan fatal pada pencarian fakta
・（重大な）他害行為	・perbuatan yang menyebabkan kerugian (fatal) kepada orang lain
・自由な証明	・peringanan prosedur penyediaan bukti; pembuktian bebas
・従犯	・pembantu kejahatan
・主観的違法要素	・unsur subjektif dari perbuatan yang melanggar hukum
・酒気帯び	・berbau alkohol
・主刑	・hukuman utama
・受刑者	・narapidana
・主尋問	・pemeriksaan utama
・受訴裁判所	・pengadilan dimana perkara disidangkan
・受託裁判官	・hakim yang ditugasi

−143−

法律用語【さ行】

・出国命令	・perintah keluar dari negara
・出頭	・menghadap
・出頭命令	・perintah hadap
・出入国記録	・catatan keimigrasian
・主任弁護人	・penasihat hukum utama
・主犯	・pelaku utama
・主文（判決主文）	・amar putusan (teks putusan)
・受命裁判官	・hakim yang dikuasakan
・主要事実	・fakta penting/esensial
・準起訴手続	・prosedur penuntutan kuasi (pengadilan mengambil peran jaksa dan memberikan kasus kepada pengadilan pertama)
・準抗告	・permohonan naik banding kuasi (misalnya banding dari putusan hakim tinggal di pengadilan wilayah ke hakim-hakim yang dipilih untuk mendengar permohonan banding di pengadilan yang sama)
・巡査	・agen polisi
・巡査長	・agen polisi senior
・巡査部長	・sersan polisi
・遵守事項	・petunjuk yang harus dipatuhi
・照会	・pertanyaan
・傷害	・luka-luka (badani)
・召喚	・panggilan oleh pengadilan
・召喚状	・surat panggilan
・召喚する	・memanggil
・情況（状況）証拠	・bukti tidak langsung
・証言	・kesaksian
・証拠	・bukti
・証拠開示	・pertunjukan bukti
・上告	・banding ke mahkamah agung

法律用語【さ行】

- 上告趣意書
  - surat prospektus banding ke mahkamah agung
- 上告審
  - (persidangan pada) Mahkamah Agung
- 上告理由
  - alasan permohonan banding ke mahkamah agung
- 証拠決定
  - keputusan mengenai menerima atau tidak menerima bukti
- 証拠書類
  - bukti dokumenter
- 証拠調べ
  - pemeriksaan bukti
- 証拠資料
  - bahan pembuktian
- 証拠説明
  - penjelasan bukti
- 証拠等関係カード
  - kartu berisikan daftar bahan bukti, dsb.
- 証拠能力
  - hal bukti dapat diterima/kekuatan bukti
- 証拠の提示
  - presentasi bukti
- 証拠の標目
  - daftar bukti
- 証拠排除
  - pencabutan bukti
- 証拠物
  - barang bukti
- 証拠方法
  - cara menentukan bukti
- 証拠保全
  - pelestarian bukti
- 常習性
  - sifat kebiasaan
- 常習犯
  - orang yang sudah biasa melakukan kejahatan
- 情状
  - keadaan (berkaitan dengan suatu tindak kejahatan)
- 情状酌量
  - mempertimbangkan hal-hal yang dianggap meringankan
- 上申書
  - pernyataan tertulis (kepada organisasi/ jabatan di atas)
- 上訴
  - kasasi, banding
- 上訴権者
  - orang yang berhak mengajukan kasasi
- 上訴裁判所
  - pengadilan kasasi, pengadilan banding
- 上訴趣意書
  - surat prospektus pengajuan saksi
- 上訴提起期間
  - jangka waktu pengajuan saksi

—145—

法律用語【さ行】

・上訴の取下げ	・menarik kembali pengajuan kasasi
・上訴の放棄	・melepaskan pengajuan kasasi
・焼損する	・rusak terbakar
・証人	・orang yang memberi kesaksian atas fakta, saksi
・証人尋問	・pemeriksaan saksi
・証人尋問調書	・catatan mengenai pemeriksaan saksi
・少年	・anak laki-laki, anak-anak
・少年院	・lembaga pemasyarakatan anak-anak
・少年刑務所	・penjara anak-anak
・条文	・ketetapan, ketentuan; hal-hal peraturan atau hukum yang ditulis berurut
・小法廷	・sidang pengadilan kecil
・抄本	・ringkasan
・証明予定事実	・fakta yang direncanakan pembuktiannya
・証明力	・kekuatan pembuktian
・条約	・perjanjian
・上陸拒否事由	・alasan penolakan pendaratan
・条例	・peraturan (pemerintah kota, prefektur, dsb.)
・処遇事件	・kasus perawatan
・嘱託する	・menugaskan
・職務質問	・pemeriksaan polisi
・職務従事予定期間	・jangka waktu yang direncanakan untuk mengikutsertakan dalam kegiatan hakim warganegara
・所持品検査	・pemeriksaan polisi terhadap milik pribadi
・書証	・bukti-bukti dokumenter
・除斥	・pencabutan seorang hakim dari sebuah kasus
・処断する	・mengambil keputusan
・職権	・kekuasaan jabatan

−146−

法律用語【さ行】

・職権証拠調べ	・pemeriksaan bukti dengan kekuasaan pengadilan
・職権調査	・pemeriksaan dengan kekuasaan pengadilan
・職権保釈	・pelepasan dengan jaminan dengan kekuasaan pengadilan
・職権濫用	・penyalahgunaan kekuasaan jabatan
・処罰条件	・persyaratan hukuman
・初犯	・kejahatan pertama
・署名	・tandatangan
・資力申告書	・surat pernyataan sumber pendapatan
・信義則	・prinsip-prinsip yang adil dan wajar
・人権擁護局	・Biro Hak-hak Manusia
・親告罪	・pelanggaran yang penuntutannya tergantung dari hal korban mengajukan pengaduan
・審査補助員	・asisten komisi pemeriksaan legalnya penuntutan
・心証	・keyakinan hakim akan kebenaran pada suatu persidangan
・身上照会回答書	・jawaban atas permintaan keterangan mengenai latar belakang keluarga
・心神耗弱	・berjiwa cacat
・心神喪失	・sakit jiwa
・審尋	・pemeriksaan pendengaran; interogasi
・人身取引	・perdagangan manusia
・真正な	・benar, asli, autentik
・親族相盗	・pencurian terhadap keluarga dekat
・身体検査	・penggeledahan dan pemeriksaan badani
・身体検査令状	・surat perintah untuk penggeledahan dan pemeriksaan badani
・診断書	・surat keterangan dokter
・人定質問	・pernyataan terhadap terdakwa untuk identifikasi

−147−

法律用語【さ行】

・シンナー	・tiner
・審判	・sidang pengadilan
・審判期日	・tanggal sidang pengadilan
・審判調書	・berita acara sidang pengadilan
・尋問事項	・materi pertanyaan
・尋問する	・memeriksa, menginterogasi
・信用性	・hal dapat dipercaya, kredibilitas
・信頼の原則	・hukum/prinsip kepercayaan
・審理不尽	・keputusan yang diambil sebelum waktunya
・推定する	・memperkirakan
・性格異常	・sikap abnormal
・生活環境	・lingkungan hidup; lingkungan sosial
・税関	・(kantor) bea dan cukai
・請求による裁判員等の解任	・pembubaran hakim warganegara, dsb. atas permintaan
・正式裁判	・pemeriksaan pengadilan resmi
・正式裁判請求	・menuntut pemeriksaan pengadilan resmi
・精神鑑定	・pengujian psikiater
・精神障害者	・orang yang mengalami gangguan jiwa
・精神障害を改善する	・menyembuhkan gangguan jiwa
・精神病	・penyakit jiwa
・精神病質	・kepribadian yang sakit jiwa
・精神保健観察	・pengawasan kesehatan jiwa
・精神保健参与員	・penasihat kesehatan jiwa
・精神保健指定医	・dokter kesehatan jiwa yang ditunjuk
・精神保健審判員	・dokter yang ditunjuk untuk urusan perkara kesehatan jiwa
・精神保健判定医	・dokter yang mampu mempertimbangkan perkara kesehatan jiwa
・精神保健福祉士	・pekerja sosial kesehatan jiwa

−148−

法律用語【さ行】

・正当業務行為	・perbuatan yang dilakukan dalam menjalankan usaha yang legal
・正当防衛	・pembelaan diri yang benar
・正犯	・pelaku utama
・正本	・salinan yang disahkan
・声紋	・cetak-suara; voice-print
・政令	・peraturan pemerintah
・責任	・tanggung jawab
・責任軽減事由	・alasan dasar peringanan pertanggung-jawaban
・責任阻却事由	・alasan yang menghambat pertanggung-jawaban
・責任能力	・kemampuan mempertanggungjawabkan
・責任無能力者	・orang yang tidak mampu mempertanggung-jawabkan
・責任要素	・unsur-unsur yang mendukung pertanggung-jawaban
・責問権の放棄	・peniadaan hak untuk menganggap kekeliruan prosedur
・是正命令	・perintah pembetulan
・接見	・hubungan dan komunikasi dengan luar; wawancara
・接見禁止	・larangan bagi tahanan atau narapidana untuk berhubungan dan berkomunikasi dengan luar; larangan wawancara
・接見交通	・komunikasi atau kontak tahanan atau narapidana dengan orang luar atau penerimaan dan penyampaian barang
・窃取	・pencurian
・絶対的控訴理由	・alasan dasar naik banding yang absolut
・是非弁別	・pembedaan ya dan tidak
・前科	・catatan kejahatan
・前科調書	・dokumen catatan kejahatan
・宣告する	・menjatuhkan, menyatakan

−149−

法律用語【さ行】

・宣誓	・sumpah, janji
・専属管轄	・yurisdiksi istimewa
・選任決定	・keputusan penunjukan hakim warganegara
・選任予定裁判員	・hakim warganegara yang ditunjuk sebelumnya
・訴因	・tuduhan
・訴因変更	・perubahan tuduhan
・訴因を明示する	・menunjukkan tuduhan dengan jelas
・捜査	・penyelidikan, pengusutan
・捜査機関	・badan penyelidikan
・捜査記録	・catatan penyelidikan
・捜索	・penggeledahan, pencarian
・捜索差押許可状	・surat perintah penggeledahan dan penyitaan
・捜索差押調書	・laporan penggeledahan dan penyitaan
・捜索状	・surat perintah penggeledahan
・捜索調書	・laporan penggeledahan
・捜査照会回答書	・jawaban atas pertanyaan penyelidikan
・捜査状況報告書	・laporan situasi penyelidikan
・送達する	・mengirim
・送致する	・menyampaikan
・相当因果関係	・penyebab yang efisien secara hukum
・相当な理由	・penyebab mungkin
・遡及処罰の禁止	・pelarangan hukuman berlaku surut
・即時抗告	・naik banding segera
・訴訟記録	・catatan persidangan
・訴訟係属	・penundaan proses persidangan
・訴訟行為	・perbuatan sesuai prosedur
・訴訟指揮	・memimpin persidangan
・訴訟条件	・persyaratan penuntutan

−150−

法律用語【さ・た行】

- 訴訟手続 · prosedur persidangan
- 訴訟手続の法令違反 · pelanggaran undang-undang prosedur persidangan
- 訴訟能力 · kemampuan menjalani perkara
- 訴訟費用 · biaya perkara
- 速記 · stenografi
- 即決裁判手続 · prosedur pengadilan kilat
- 疎明 · pembelaan diri dengan bukti saksi mata
- 疎明資料 · bahan-bahan pembelaan diri
- 損害賠償命令 · perintah ganti rugi

【た　行】

- 第一審 · (persidangan pada) pengadilan tingkat pertama
- 退院 · keluar dari rumah sakit
- 退去強制令書 · surat perintah paksaan meninggalkan tempat
- 大使 · duta besar
- 大使館 · kedutaan besar
- 対質 · pemeriksaan silang
- 大赦 · pengampunan umum
- 対象行為 · perbuatan subjek
- 対象事件 · perkara subjek
- 対象者 · orang subjek
- 退廷しなさい · "Tinggalkanlah ruang siding."
- 退廷命令 · perintah untuk meninggalkan ruang sidang
- 逮捕 · penangkapan
- 大法廷 · sidang pengadilan besar (pada Mahkamah Agung)
- 逮捕状 · surat perintah pengangkapan
- 大麻 · ganja

−151−

法律用語【た行】

・大麻樹脂	・getah ganja
・大麻草	・daun ganja
・代用監獄	・ruang tahanan di kantor polisi yang dapat digunakan sebagai pengganti penjara berdasarkan undang-undang kepenjaraan
・代理権	・kuasa perwakilan
・立会い	・kehadiran pada sidang perkara
・弾劾証拠	・bukti bertujuan untuk menuduh
・嘆願書	・surat permohonan (yang diajukan kepada pengadilan); suplikasi
・単独犯	・pelanggar yang melalukan kejahatan tanpa kaki tangan
・知的障害	・hambatan intelektual
・地方検察庁（地検）	・kantor kejaksaan wilayah
・地方検察庁支部	・kantor cabang kejaksaan wilayah
・地方公共団体	・badan umum daerah; pemerintah daerah
・地方裁判所（地裁）	・pengadilan wilayah
・地方裁判所支部	・kantor cabang pengadilan wilayah
・地方法務局	・biro urusan hukum wilayah
・注意義務	・kewajiban berhati-hati
・中央更生保護審査会	・Komisi Pemasyarakatan Pelanggar Nasional
・中止犯	・pelaku kejahatan yang menghentikan perbuatan kejahatan sebelum penyelesaian perbuatan kejahatan tersebut
・中止未遂	・usaha dimana pelaku secara sukarela telah menghentikan perbuatan kejahatannya
・懲役	・hukuman penjara dengan kerja paksa
・長期3年以上	・jangka panjang maksimum 3 tahun atau lebih
・調書	・berita acara pemeriksaan; pernyataan tertulis

-152-

法律用語【た行】

- 調書判決
- putusan tertulis yang dimasukkan ke dalam berita acara pemeriksaan persidangan
- 直接証拠
- bukti langsung
- 陳述する
- memberikan pernyataan
- 追完する
- menyempurnakan; mengoreksi kekurangan
- 追起訴
- penuntutan tambahan
- 追徴
- pengumpulan nilai yang sama dengan nilai barang yang menjadi sasaran penyitaan
- 追徴保全
- perintah umtuk menahan sementara untuk pengumpulan nilai yang sama
- 通院期間の延長
- perpanjangan masa rawat jalan
- 通常逮捕
- penangkapan biasa (penangkapan yang dilakukan berdasarkan surat perintah)
- 通達
- surat edaran intra-lembaga
- 通訳
- penerjemah, juru bahasa
- 付添い
- pendampingan; menyertai
- 付添人
- pendamping
- つきまとい
- mengikuti
- 罪となるべき事実
- fakta-fakta yang merupakan kejahatan
- 罪を犯したことを疑うに足りる充分な理由
- alasan yang cukup untuk mencurigai telah melakukan kejahatan
- 罪を行い終わってから間がない
- tidak ada tenggang waktu setelah melakukan kejahatan
- 連戻状
- surat perintah untuk membawa kembali (anak muda yang lari) untuk penahanan
- 連れ戻す
- membawa kembali (anak muda yang lari) untuk penahanan
- ＤＮＡ鑑定
- pengujian DNA
- 提出命令
- perintah penyampaian
- 廷吏
- petugas juru sita
- 撤回
- pembatalan tindakan

−153−

法律用語【た行】

・電子計算機	・komputer
・電磁的記録	・catatan elektromagnetis
・伝聞供述	・pernyataan lisan desas-desus
・伝聞証拠	・bukti desas-desus
・伝聞法則	・peraturan bukti desas-desus
・電話聴取書	・rekaman pembicaraan telepon
・同意	・persetujuan
・道義的責任	・tanggung jawab bedasarkan keadilan moral
・統合失調症	・skizofrenia
・同行状	・surat panggilan terhadap anak muda
・同行する	・menyertai; mengantar
・当事者	・para pihak yang bersangkutan
・謄写する	・menyalin
・盗聴	・menyadap pembicaraan
・答弁書	・surat jawaban
・謄本	・salinan
・特殊開錠用具	・alat-alat pembuka kunci khusus
・特定侵入行為	・perbuatan tertentu untuk mendobrak masuk ke dalam rumah
・特に信用すべき情況（特信情況）	・situasi yang harus dipercaya pada khususnya
・特別抗告	・pengajuan banding khusus
・特別弁護人	・penasihat hukum khusus
・土地管轄	・hak hukum atas tanah; yurisdiksi teritorial
・都道府県公安委員会	・komisi keamanan umum prefektur/To, Do, Fu, Ken
・取り消す	・mencabut, membatalkan
・取り下げる	・menarik kembali
・取り調べる	・memeriksa, menginterogasi
・トルエン	・toluena

−154−

【な　行】

・内閣府	・Kantor Kabinet
・捺印	・cap
・二重の危険	・bahaya ganda
・日本司法支援センター（法テラス）	・Pusat Dukungan Hukum Jepang (Hou Terasu)
・入院	・rawat inap
・入院継続の確認	・pernyataan kelanjutan rawat inap
・入院によらない医療	・pengobatan tanpa rawat inap
・入院を継続する	・melanjutkan rawat inap
・入国	・masuk ke negeri
・入国管理局	・biro imigrasi (regional)
・入国管理局出張所	・kantor cabang biro imigrasi regional
・入国管理センター	・pusat imigrasi
・入国者収容所	・pusat penahanan imigrasi
・入国審査官	・petugas pemeriksa imigrasi
・入国手続	・prosedur masuk ke negeri
・任意性	・kesukarelaan
・任意捜査	・pemeriksaan atas dasar kesukarelaan
・任意提出書	・formulir untuk memasukkan bahan bukti dengan sukarela
・任意的弁護事件	・perkara yang tidak memerlukan kehadiran pengacara pembela dalam pemeriksaan pengadilan
・任意同行	・mengikuti secara sukarela
・脳挫傷	・memar otak

【は　行】

・売春	・pelacuran, prostitusi
・売春周旋	・menengahi pelacuran
・陪席裁判官	・hakim anggota

法律用語【は行】

・破棄移送	・pembalikan dan pemindahan
・破棄差戻し	・pembalikan dan pengiriman kembali
・破棄自判	・pembalikan putusan pengadilan tingkat pertama dan penjatuhan putusan sendiri (untuk pengadilan tingkat banding); pembalikan putusan pengadilan tingkat banding dan penjatuhan putusan sendiri (untuk Mahkamah Agung)
・破棄する	・membalikkan; membatalkan (kontrak)
・破棄判決	・putusan untuk membalikkan putusan pengadilan tingkat pertama (untuk pengadilan tingkat banding); putusan untuk membalikkan putusan pengadilan tingkat banding (untuk Mahkamah Agung)
・罰金	・denda-denda
・ハッシシ（ハッシシュ）	・ganja
・罰条	・pasal-pasal undang-undang atau hukum yang menetapkan hukuman
・犯意	・niat jahat
・判決	・putusan, keputusan, hukuman
・判決書	・surat putusan
・判決に影響を及ぼすことが明らか	・jelas memengaruhi pengambilan putusan
・判決の宣告	・penjatuhan putusan
・判決理由	・alasan dan dasar putusan
・犯行	・perbuatan (tindakan) kejahatan
・犯罪	・kejahatan, kriminalitas
・犯罪行為を組成した物（犯罪組成物件）	・benda yang menyusun perbuatan kejahatan (benda penyusun kejahatan)
・犯罪事実	・fakta kejahatan
・犯罪収益	・pendapatan dari kejahatan
・判事	・hakim
・判示する	・menunjukkan di dalam putusan

–156–

法律用語【は行】

・判事補	・asisten hakim
・反証	・bukti bantahan; bukti kontradiktif
・犯情	・keadaan sekeliling kejahatannya
・反則金	・denda untuk pelanggaran lalu lintas
・反対尋問	・pertanyaan silang
・判例	・putusan pengadilan yang sudah ada; contoh persidangan yang telah terjadi
・判例違反	・pelanggaran terhadap putusan pengadilan yang sudah ada
・判例変更	・perubahan putusan pengadilan yang sudah ada
・犯歴	・catatan kejahatan
・被害者	・korban, pihak yang dirugikan
・被害者還付	・pengembalian barang sitaan korban
・被害者参加人	・korban yang ikut serta dalam proses hukum perkara pidana
・被害者参加弁護士	・penasihat hukum bagi korban yang ikut serta dalam proses hukum perkara pidana
・被害者特定事項	・informasi identifikasi korban
・被害届	・laporan kerugian yang dialami
・被疑者	・tersangka
・非供述証拠	・bukti non-kesaksian
・非行	・tindakan jahat
・被告事件	・perkara dakwaan; perkara yang dituntut oleh penuntut umum
・被告人	・terdakwa, tertuduh
・被告人の退廷	・keluarnya terdakwa dari ruang sidang
・被収容者	・tahanan (yang telah dihukumkan/yang belum dihukumkan)
・非常上告	・kasasi luar biasa
・左陪席裁判官	・hakim anggota yang duduk di sebelah kiri
・ピッキング用具	・alat-alat pembuka kunci (picking)

−157−

法律用語【は行】

・筆跡	・tulisan tangan
・必要的弁護事件	・perkara yang memerlukan kehadiran pengacara pembela dalam pemeriksaan pangadilan
・必要的保釈	・pelepasan dengan jaminan yang diperlukan
・ビデオリンク	・sistem video link
・秘匿決定	・keputusan untuk merahasiakan informasi identifikasi korban
・否認	・penolakan
・評議	・pertimbangan
・評決	・keputusan
・被略取者	・orang yang diculik
・不意打ち	・kejutan
・附加［付加］刑	・hukuman tambahan
・不可抗力	・kejadian yang terjadi di luar kemampuan manusia, tindakan Tuhan
・不可罰的事後行為	・perbuatan yang tidak dapat dihukum setelah fakta; (perbuatan yang dilakukan setelah pelanggaran awal, yang tidak dapat dihukum, seperti merusak harta benda yang dicuri setelah melakukan pencurian)
・不起訴処分	・keputusan untuk tidak menuntut
・副検事	・asisten jaksa
・不告不理の原則	・prinsip tidak ada keputusan hakim atau pengadilan tanpa penuntutan oleh penuntut umum
・不作為犯	・pelanggaran pidana omisi; pelanggaran pidana secara pasif
・婦人補導院	・rumah pembinaan wanita
・不選任の決定	・keputusan untuk tidak menunjuk calon hakim warganegara sebagai hakim warganegara
・物的証拠	・bukti material

−158−

法律用語【は行】

・不定期刑	・hukuman yang tidak tentu
・不適格事由	・alasan dasar diskualifikasi sebagai hakim waranegara
・不同意	・tidak setuju
・不当逮捕	・pengangkapan tidak sah
・不能犯	・mustahil untuk melakukan kejahatan
・不服申立て	・permohonan untuk mengajukan keberatan
・部分判決	・putusan sebagian; putusan atas perkara terpisah
・不法在留	・menetap secara ilegal
・不法残留	・tinggal lebih lama daripada spantasnya; overstay
・不法入国	・masuk secara ilegal
・不法領得の意思	・maksud untuk mencuri; maksud untuk mendapat secara ilegal
・不利益な事実の承認	・pengesahan fakta yang tidak meng-untungkan
・不利益変更の禁止	・larangan terhadap pengubahan putusan agar supaya merugikan kepentingan terdakwa
・併科する	・memberikan hukuman-hukuman se-kaligus
・併合決定	・keputusan untuk menggabungkan proses pemeriksaan
・併合罪	・hukuman yang tergabung
・併合する	・menggabungkan
・別件逮捕	・penangkapan atas nama tuduhan lain
・別の合議体による裁判所	・pengadilan terdiri dari perundingan/panel yang lain
・弁解録取書	・catatan pembelaan diri tersangka
・弁護士	・pengacara, advokat;
・弁護士会	・asosiasi advokat
・弁護人	・penasihat hukum, pembela perkara

−159−

法律用語【は行】

・弁護人依頼権	・hak untuk meminta pendampingan penasihat hukum
・弁護人選任権	・hak untuk memilih penasihat hukum
・変造	・mengubah
・弁論	・argumen lisan; argumen penutup
・弁論再開	・argumen lisan dimulai lagi
・弁論終結	・pengakhiran argumen lisan
・弁論能力	・kemampuan berargumentasi secara lisan
・弁論分離	・pemisahan argumen lisan
・弁論併合	・gabungan argumen lisan
・弁論要旨	・pokok-pokok argumen lisan
・防衛の意思	・maksud untuk bertindak dalam kerangka membela diri
・包括一罪	・kejahatan tunggal komprehensif (inklusif)
・謀議	・komplotan
・防御権	・hak pembelaan
・暴行	・penyerangan; perkosaan
・傍受	・pencegatan (komunikasi elektronis); penyadapan
・幇助する	・membantu
・幇助犯	・pembantu dalam kejahatan
・法人	・badan hukum
・傍聴席	・ruang publik pendengar persidangan
・傍聴人	・pendengar, peninjau
・法廷	・pengadilan; ruang sidang
・法定刑	・hukuman yang ditentukan di dalam hukum; hukuman menurut undang-undang
・法廷警察権	・wewenang kepolisian ruang sidang; kuasa untuk memelihara ketertiban dalam ruang sidang
・法定代理人	・wakil yang sah
・法定手続の保障	・jaminan proses hukum yang adil

–160–

法律用語【は行】

・冒頭陳述	・pernyataan pembuka
・法の不知	・ketidaktahuan hukum
・法の下の平等	・persamaan di bawah hukum
・方法の錯誤	・kesalahan pada cara
・法務局	・biro urusan hukum
・法務省	・Kementerian Kehakiman
・法律	・undang-undang, hukum
・法律上の減軽	・keringanan berdasarkan hukum
・法律の錯誤	・kesalahan pada hukum
・法律の適用	・penerapan hukum
・法律審	・pengadilan yang bertugas meninjau kembali ada tidaknya pelanggaran hukum
・暴力団	・kelompok penjahat terorganisasi
・法令	・undang-undang dan peraturan
・法令適用の誤り	・kesalahan penerapan undang-undang dan peraturan
・保護観察	・pengawasan bagi hukuman percobaan
・保護観察官	・pengawas bagi hukuman percobaan
・保護観察所	・kantor pengawas bagi hukuman percobaan
・保護司	・pengawas sukarela bagi hukuman percobaan
・保護者	・pelindung
・保護法益	・kepentingan yang dilindungi undang-undang
・保護命令	・perintah perlindungan
・保佐監督人	・pengawas kurator
・補佐人	・asisten dalam pengadilan; penasihat non-advokat bagi terdakwa
・保佐人	・kurator
・保釈	・pelepasan dengan jaminan
・保釈取消し	・pencabutan pelepasan dengan jaminan

法律用語【は・ま行】

・保釈保証金	・uang jaminan untuk pelepasan
・補充員	・anggota pengganti komisi bagi pemeriksaan legalnya penuntutan
・補充裁判員	・anggota pengganti hakim warganegara
・補充書	・tambahan; suplemen
・補助監督人	・pengawas asisten
・補助人	・asisten
・没取	・penyitaan, pembeslahan
・没収する	・menyita, membeslah
・没収保全	・perintah untuk menahan sementara untuk penyitaan
・ポリグラフ検査	・tes poligraf
・本籍	・tempat pendaftaran keluarga

【ま 行】

・麻薬	・narkotika
・麻薬常習者	・pecandu narkotika
・マリファナ	・mariyuana
・右陪席裁判官	・hakim yang duduk di kursi sebelah kanan
・未決勾留	・penahanan menunggu sidang pengadilan
・未遂	・percobaan yang gagal
・未成年者	・anak di bawah umur
・密売者	・pengedar gelap
・密輸出	・ekspor gelap
・密輸入	・impor gelap
・未必の故意	・kesengajaan dengan menyadari kemungkinan terjadi
・身分犯	・kejahatan status; kejahatan unsur pokoknya tergantung pada status pelanggar
・無期懲役	・hukuman penjara dengan kerja paksa untuk jangka waktu tak terbatas

–162–

法律用語【ま・や行】

- 無罪
  - tidak bersalah
- 無罪の推定
  - anggapan tidak bersalah
- 無銭飲食
  - makan di restoran tanpa niat untuk membayar
- 無断退去者
  - orang yang meninggalkan lembaga medis ditunjuk untuk perawatan di rumah sakit tanpa permisi
- 無賃乗車
  - naik transportasi umum tanpa membayar
- 無能力者
  - orang yang tidak berkemampuan
- 酩酊
  - kemabukan, keracunan
- 命令
  - perintah
- 免訴
  - pembebasan dari penuntutan
- 毛髪鑑定
  - pengetesan rambut
- 黙秘権
  - hak untuk tetap diam

【や　行】

- 薬物犯罪収益
  - pendapatan dari kejahatan obat-obatan
- やむを得ずにした行為
  - perbuatan yang dilakukan untuk kebutuhan yang tidak dapat dihindari
- 誘引
  - bujukan
- 有期懲役
  - hukuman penjara dengan kerja paksa untuk jangka waktu terbatas
- 有罪
  - bersalah
- 宥恕
  - pengampunan, pemberian maaf
- 誘導尋問
  - pertanyaan yang bersifat memancing
- ゆすり
  - pemerasan
- 予見可能性
  - kemungkinan yang dapat diduga
- 余罪
  - kejahatan yang belum dituntut; kejahatan yang belum dijatuhkan hukuman
- 予断排除
  - penghindaran prasangka
- 予備
  - persiapan untuk kejahatan
- 呼出状
  - surat panggilan

—163—

法律用語【や・ら行】

- 呼び出す　　　　　　　　　　　・ memanggil
- 予備的訴因　　　　　　　　　　・ tuduhan kedua, tuduhan gabungan

【ら　行】

- 立証趣旨　　　　　　　　　　　・ arti bukti
- 立証する　　　　　　　　　　　・ membuktikan
- 立証責任　　　　　　　　　　　・ pertanggungjawaban pembuktian
- 略式手続　　　　　　　　　　　・ prosedur singkat
- 略式命令　　　　　　　　　　　・ perintah singkat
- 略取　　　　　　　　　　　　　・ penculikan (dengan kekerasan)
- 留置施設　　　　　　　　　　　・ fasilitas tahanan
- 理由のくいちがい　　　　　　　・ kontradiksi alasan dasar; ketidakcocokan alasan
- 理由の不備　　　　　　　　　　・ ketidaklengkapan alasan
- 理由を示さない不選任の請求　　・ permintaan keputusan untuk tidak menunjuk calon hakim warganegara sebagai hakim warganegara tanpa menyebutkan alasan
- 量刑　　　　　　　　　　　　　・ menghukum, memvonis
- 量刑不当　　　　　　　　　　　・ hukuman yang tidak layak
- 領事　　　　　　　　　　　　　・ konsul
- 領事館　　　　　　　　　　　　・ konsulat
- 領収書　　　　　　　　　　　　・ kuitansi, tanda terima
- 領置　　　　　　　　　　　　　・ penahanan barang milik yang diserahkan secara sukarela
- 領置調書　　　　　　　　　　　・ catatan penahanan barang milik; tanda terima penyerahan barang
- 両罰規定　　　　　　　　　　　・ pasal mengenai "hukuman-hukuman serempak"
- 旅券（パスポート）　　　　　　・ paspor
- 輪姦　　　　　　　　　　　　　・ perkosaan bergantian
- 臨検　　　　　　　　　　　　　・ pemeriksaan di tempat

-164-

法律用語【ら・わ行】

- 臨床尋問
- 類推解釈
- 累犯
- 令状
- 連行する
- 労役場留置

- 録音
- 録取（する）
- 論告
- 論告要旨

- pemeriksaan klinis
- penggunaan analogi dalam tafsiran
- kejahatan berulang, residivisme
- surat perintah
- membawa untuk diperiksa
- penahanan di rumah kerja sebagai pengganti pembayaran denda
- rekaman
- catatan (mencatat)
- arugumen penutup penuntut umum
- pokok-pokok arugumen penutup penuntut umum

【わ　行】

- わいせつ
- わいろ
- 和解

- percabulan
- uang sogok, uang suap
- penyelesaian

法令名【あ・か行】

第2章 法令名

【あ　行】

- ・あへん法
- ・医師法
- ・意匠法
- ・印紙等模造取締法

- ・印紙犯罪処罰法

- ・インターネット異性紹介事業を
  利用して児童を誘引する行為の
  規制等に関する法律

- ・恩赦法

- ・Undang-undang Opium
- ・Undang-undang Praktik Kedokteran
- ・Undang-undang Desain
- ・Undang-undang Pegendalian Pemalsuan
  Kertas Segel, dsb.
- ・Undang-undang tentang Hukuman
  Kejahatan Kertas Segel
- ・Undang-undang yang Mengatur
  mengenai Bujukan Anak-anak dengan
  Menggunakan Usaha Perkenalan Lawan
  Jenis di Internet
- ・Undang-undang Pengampunan

【か　行】

- ・外国ニ於テ流通スル貨幣紙幣銀
  行券証券偽造変造及模造ニ関ス
  ル法律（外貨偽造法）

- ・外国為替及び外国貿易法（外為
  法）
- ・外国裁判所ノ嘱託ニ因ル共助法

- ・外国人漁業の規制に関する法律

- ・外国人登録法
- ・海洋汚染等及び海上災害の防止
  に関する法律
- ・海上交通安全法

- ・海上衝突予防法

- ・Undang-undang tentang Pemalsuan,
  Perubahan dan Peniruan Uang Logam,
  Uang Kertas dan Surat-surat Berharga
  yang Beredar di Negara-negara Asing
  (Undang-undang Pemalsuan Mata Uang
  Asing)
- ・Undang-undang Valuta Asing dan
  Perdagangan Luar Negeri
- ・Undang-undang tentang Bantuan Hukum
  atas Komisi dari Pengadilan Asing
- ・Undang-undang tentang Peraturan
  Perikanan oleh Orang Asing
- ・Undang-undang Pendaftaran Orang Asing
- ・Undang-undang tentang Pencegaan
  Polusi Laut dan Bencana Laut
- ・Undang-undang Keselamatan Lalu Lintas
  Laut
- ・Undang-undang Penghindaran Tabrakan
  di Laut

－166－

法令名【か行】

- 火炎びんの使用等の処罰に関す
る法律
- Undang-undang tentang Hukuman terhadap Penggunaan, dsb. Molotov Cocktail

- 覚せい剤取締法
- Undang-undang Pengendalian Obat Perangsang

- 貸金業法
- Undang-undang Usaha Pinjaman Uang

- 火薬類取締法（火取法）
- Undang-undang Pengendalian Bahan Peledak

- 関税定率法
- Undang-undang Tarif Bea Cukai

- 関税法
- Undang-undang Bea Cukai

- 漁業法
- Undang-undang Perikanan

- 漁船法
- Undang-undang Kapal Perikanan

- 銀行法
- Undang-undang Usaha Perbankan

- 金融商品取引法
- Undang-undang Pertukaran Instrumen Keuangan

- 警察官職務執行法（警職法）
- Undang-undang Pelaksanaan Tugas-tugas Kepolisian

- 警察法
- Undang-undang Kepolisian

- 刑事確定訴訟記録法
- Undang-undang tentang Catatan Perkara Pidana Terakhir

- 刑事収容施設及び被収容者等の
処遇に関する法律
- Undang-undang tentang Fasilitas Penahanan Pidana dan Perawatan Tahanan dan Narapidana

- 刑事訴訟規則（刑訴規則）
- Peraturan Prosedur Pidana

- 刑事訴訟費用等に関する法律
- Undang-undang tentang Biaya Prosedur Pidana, dsb.

- 刑事訴訟法（刑訴法）
- Undang-undang Hukum Acara Pidana

- 刑事補償法
- Undang-undang Kompensasi Pidana

- 競馬法
- Undang-undang Pacuan Kuda

- 軽犯罪法
- Undang-undang Pelanggaran Kecil

- 刑法
- Hikum Pidana

- 検察審査会法
- Undang-undang tentang Komisi Pemeriksaan Legalnya Penuntutan

- 検察庁法
- Undang-undang Kantor Kejaksaan

–167–

法令名【か・さ行】

- 航空機の強取等の処罰に関する法律
- Undang-undang tentang Hukuman terhadap Perampasan Tidak Sah, dsb. atas Pesawat Terbang

- 航空の危険を生じさせる行為等の処罰に関する法律
- Undang-undang tentang Hukuman terhadap Perbuatan, dsb. yang Membahayakan Penerbangan

- 更生保護事業法
- Undang-undang Pelayanan Pemasyarakatan Pelanggar

- 更生保護法
- Undang-undang Pemasyarakatan Pelanggar

- 国際受刑者移送法
- Undang-undang tentang Pemindahan Narapidana Antar Negara

- 国際人権規約
- Perjanjian Internasional tentang Hak-hak Ekonomi, Sosial dan Budaya (Perjanjian A)/ Perjanjian Internasional tentang Hak-hak Sipil dan Politik (Perjanjian B)

- 国際捜査共助等に関する法律
- Undang-undang tentang Bantuan Internasional, dsb. dalam Penyelidikan dan Hal-hal yang Bersangkutan

- 国際的な協力の下に規制薬物に係る不正行為を助長する行為等の防止を図るための麻薬及び向精神薬取締法等の特例等に関する法律（麻薬特例法）
- Undang-undang tentang Ketetapan Khusus, dsb. untuk Undang-undang Pengendalian Narkotika dan Psikotropik, dsb., untuk Mencegah Perbuatan yang Meningkatkan Perbuatan Ilegal dan Perbuatan Lain yang Mengandung Bahan yang Dikendali di bawah Kerjasama Internasional (Undang-undang tentang Ketetapan Khusus terhadap Narkotika)

- 国籍法
- Undang-undang Kewarganegaraan

- 戸籍法
- Undang-undang Pendaftaran Keluarga

【さ　行】

- 裁判員の参加する刑事裁判に関する法律
- Undang-undang tentang Pengadilan Pidana yang Diperiksa di bawah Sistem Hakim Warganegara (Undang-undang tentang Keikutsertaan Hakim Warganegara dalam Pengadilan Pidana)

法令名【さ行】

- 裁判員の参加する刑事裁判に関する規則
- Peraturan tentang Pengadilan Pidana yang Diperiksa di bawah Sistem Hakim Warganegara (Peraturan tentang Keikutsertaan Hakim Warganegara dalam Pengadilan Pidana)

- 裁判所法
- Undang-undang Pengadilan

- 酒に酔って公衆に迷惑をかける行為の防止等に関する法律
- Undang-undang tentang Pencegahan Perbuatan Gangguan oleh Orang Mabuk

- 自転車競技法
- Undang-undang Balap Sepeda

- 自動車損害賠償保障法
- Undang-undang Jaminan Ganti Rugi Kendaraan Bermotor

- 自動車の保管場所の確保等に関する法律
- Undang-undang tentang Jaminan Tempat Parkir Kendaraan Bermotor dan Hal-hal yang Lain

- 児童福祉法
- Undang-undang tentang Kesejahteraan Anak

- 児童買春，児童ポルノに係る行為等の処罰及び児童の保護等に関する法律
- Undang-undang tentang Hukuman Perbuatan, dsb. yang Berhubungan dengan Pembelian Seks (Pelacuran) Anak dan Pornografi Anak, dan Perlindungan Anak

- 銃砲刀剣類所持等取締法（銃刀法）
- Undang-undang tentang Pengendalian Pemilikan Senjata Api atau Pedang, dan Senjata-sejnata Semacamnya (Undang-undang Pengendalian Senjata Api dan Pedang)

- 出資の受入れ，預り金及び金利等の取締りに関する法律
- Undang-undang tentang Pengendalian Penerimaan Sumbangan, Penerimaan Deposit dan Kadar Keuntungan

- 出入国管理及び難民認定法
- Undang-undang Pengontrolan Imigrasi dan Pengakuan Pengunsi

- 少年法
- Undang-undang Anak-anak di bawah Umur

- 商標法
- Undang-undang Merek Dagang

- 商法
- Undang-undang Perdagangan

- 職業安定法
- Undang-undang Jaminan Pekerjaan

- 所得税法
- Undang-undang Pajak Pendapatan

法令名【さ・た行】

- 心神喪失等の状態で重大な他害行為を行った者の医療及び観察等に関する法律（心神喪失者等医療観察法）
- Undang-undang tentang Pengobatan dan Perawatan bagi Orang yang Berkasus Serius dalam Keadaan Sakit Jiwa (Undang-undang Pengobatan dan Perawatan Penderita Sakit Jiwa)

- 人身保護法
- Undang-undang tentang Perlindungan Kebebasan Perorangan; Undang-undang tentang Habeas Corpus

- 森林法
- Undang-undang Kehutanan

- ストーカー行為等の規制等に関する法律
- Undang-undang Anti Mengikuti

- 精神保健及び精神障害者福祉に関する法律（精神保健法）
- Undang-undang tentang Kesehatan Jiwa dan Kesejahteraan Penderita Gangguan Jiwa (Undang-undang Kesehatan Jiwa)

- 船員法
- Undang-undang Pelaut

- 船舶安全法
- Undang-undang Keamanan Perkapalan

- 船舶職員及び小型船舶操縦者法
- Undang-undang tentang Pegawai Perkapalan dan Operator Kapal Kecil

- 船舶法
- Undang-undang Perkapalan

- 組織的な犯罪の処罰及び犯罪収益の規制等に関する法律
- Undang-undang tentang Hukuman Pidana Terorganisasi dan Pengontrolan Pendapatan dari Kejahatan

【た　行】

- 大麻取締法
- Undang-undang Pengendalian Ganja

- 著作権法
- Undang-undang Hak Cipta

- 通貨及証券模造取締法
- Undang-undang tentang Pengendalian Pemalsuan Mata Uang dan Surat-surat Berharga

- 鉄道営業法
- Undang-undang Usaha Jalan Kereta Api

- 電気通信事業法
- Undang-undang Usaha Telekomnikasi

- 電波法
- Undang-undang Radio

- 盗犯等ノ防止及処分ニ関スル法律
- Undang-undang tentang Pencegahan dan Hukuman Perampokan dan Pencurian, dsb.

法令名【た・な・は行】

- 逃亡犯罪人引渡法
- Undang-undang tentang Ekstradisi (Penyerahan Penjahat Pelarian Antar Negara)

- 道路運送車両法
- Undang-undang Kendaraan Bermotor Angkutan Jalan

- 道路交通法（道交法）
- Undang-undang Lalu Lintas Jalan

- 特殊開錠用具の所持の禁止等に関する法律
- Undang-undang tentang Larangan Pemilikan Alat-Alat Pembuka Kunci Khusus, dan Hal-hal Lain yang Bersangkutan

- 特定商取引に関する法律
- Undang-undang tentang Transaksi Komersial Tertentu

- 毒物及び劇物取締法（毒劇法）
- Undang-undang Pengendalian Zat-zat Beracun dan Merusak

- 都道府県条例
- Peraturan Prefektur (tingkat To, Do, Fu, Ken)

【な　行】

- 成田国際空港の安全確保に関する緊急措置法
- Undang-undang tentang Tindakan Darurat mengenai Pengontrolan Keamanan Bandara Internasional Narita

- 日本国憲法（憲法）
- Undang-undang Dasar Negara Jepang

- 日本国とアメリカ合衆国との間の相互協力及び安全保障条約第6条に基づく施設及び区域並びに日本国における合衆国軍隊の地位に関する協定の実施に伴う刑事特別法（刑特法）
- Undang-undang Pidana Luar Biasa Disertai dengan Pelaksanaan "Persetujuan di bawah Pasal VI Perjanjian Kerjasama dan Keamanan Bersama antara Jepang dan Amerika Serikat mengenai Fasilitas dan Daerah serta Status Angkatan Bersenjata Amerika Serikat di Jepang"

【は　行】

- 廃棄物その他の物の投棄による海洋汚染の防止に関する条約
- Perjanjian tentang Pencegahan Polusi Laut yang Disebabkan oleh Pembuangan Barang Buangan dan Barang Lainnya

- 廃棄物の処理及び清掃に関する法律（廃棄物処理法）
- Uundang-undang Penanganan dan Pembersihan Barang Buangan (Undang-undang Penanganan Barang Buangan)

法令名【は行】

- 配偶者からの暴力の防止及び被害者の保護に関する法律
- Undang-undang tentang Pencegahan Kekerasan oleh Pasangan Hidup dan Perlindungan Korban

- 売春防止法
- Undang-undang Anti Pelacuran

- 破壊活動防止法（破防法）
- Undang-undang Pencegahan Kegiatan Subversif

- 爆発物取締罰則
- Ketentuan (Undang-undang) Hukuman Pengendalian Bahan Peledak

- 罰金等臨時措置法
- Undang-undang tentang Tindakan Sementara mengenai Denda, dll.

- 犯罪収益に係る保全手続等に関する規則
- Peraturan tentang Prosedur Perintah Penahanan Sementara, dsb. mengenai Pendapatan dari Kejahatan

- 犯罪捜査のための通信傍受に関する法律
- Undang-undang tentang Penyadapan bagi Penyelidikan Tindak Pidana

- 犯罪被害財産等による被害回復給付金の支給に関する法律
- Undang-undang tentang Pemulihan Pembayaran yang akan Dibayarkan dari Aset yang Dihasilkan dari Kejahatan

- 犯罪被害者等の権利利益の保護を図るための刑事手続に付随する措置に関する法律（犯罪被害者等保護法）
- Undang-undang tentang Berbagai Upaya yang Diiringi dengan Prosedur Pidana Bertujuan untuk Perlindungan Hak dan Kepentingan Korban Kejahatan (Undang-undang Perlindungan Korban Kejahatan)

- 被疑者補償規程
- Peraturan tentang Kompensasi Bagi Tersangka

- 人の健康に係る公害犯罪の処罰に関する法律（公害罪法）
- Undang-undang tentang Hukuman Kejahatan yang Menyebabkan Polusi Berbahaya terhadap Kesehatan Manusia (Undang-undang Kejahatan yang Berhubungan dengan Polusi)

- 風俗営業等の規制及び業務の適正化等に関する法律（風営法）
- Undang-undang tentang Pengendalian dan Perbaikan Usaha Hiburan, dsb.

- 武器等製造法
- Undang-undang Pembuatan Senjata, dsb.

- 不正競争防止法
- Undang-undang Pencegahan Persaingan yang Tak Adil

- 法廷等の秩序維持に関する法律
- Undang-undang tentang Pemeliharaan Ketertiban dalam Ruang Sidang, dsb.

法令名【は・ま・や・ら行】

- 暴力行為等処罰ニ関スル法律
- Undang-undang tentang Hukuman terhadap Perbuatan Kekerasan, dsb.

【ま 行】

- 麻薬及び向精神薬取締法（麻取法）
- Undang-undang Pengendalian Narkotika dan Psikotropik
- 民事訴訟法
- Undang-undang Hukum Acara Perdata
- 民法
- Undang-undang Hukum Perdata
- モーターボート競走法
- Undang-undang Balap Motorboat

【や 行】

- 薬物犯罪等に係る保全手続等に関する規則
- Peraturan tentang Prosedur, dsb. untuk Perintah untuk Menahan Sementara mengenai Kejahatan Obat-obatan, dsb.
- 有線電気通信法
- Undang-undang Telekomnikasi dengan Kawat
- 郵便切手類模造等取締法
- Undang-undang Pengendalian Pemalsuan, dsb. Perangko, dsb.
- 郵便法
- Undang-undang Pos

【ら 行】

- 領海及び接続水域に関する法律
- Undang-undang tentang Laut Teritorial dan Zona Perairan Tambahan
- 領事関係に関するウィーン条約
- Perjanjian Wina tentang Hubungan Konsul
- 旅券法
- Undang-undang Paspor
- 労働基準法
- Undang-undang Standar Buruh

罪名【あ行】

第3章　罪名

【あ 行】

- あへん煙吸食器具輸入（製造，販売，所持）罪
- mengimpor alat pengisap opium (candu) (memproduksi, menjual, memiliki)

- あへん煙吸食罪
- mengisap opium (candu)

- あへん煙吸食場所提供罪
- menyediakan tempat mengisap opium (candu)

- あへん煙等所持罪
- memiliki opium (candu), dsb

- あへん煙輸入（製造，販売，所持）罪
- mengimpor opium (candu) (memproduksi, menjual, memiliki)

- あへん法違反（所持，譲渡，譲受，使用，輸入）
- pelanggaran undang-undang opium (candu) (memiliki, menyerahkan, menerima, menggunakan, mengimpor)

- 遺棄罪
- pembiaran; pembuangan

- 遺棄等致死罪
- pembiaran, dsb. yang mengakibatkan kematian

- 遺棄等致傷罪
- pembiaran, dsb. yang mengakibatkan luka-luka

- 遺失物等横領罪
- penggelapan barang-barang ketinggalan, dsb.

- 威力業務妨害罪
- menghalangi tugas secara paksa

- 営利目的等被略取者収受罪
- menerima tahanan korban peculikan bertujuan mendapatkan keuntungan, dsb.

- 営利目的等略取（誘拐）罪
- penculikan bertujuan mendapatkan keuntungan

- 延焼罪
- membantu penjalaran kebakaran

- 往来危険罪
- membahayakan lalu lintas

- 往来危険による艦船転覆（沈没，破壊）罪
- membahayakan lalu lintas dengan membalikkan (menenggelamkan, merusakkan) kapal

- 往来危険による汽車転覆（破壊）罪
- membahayakan lalu lintas dengan menjungkir-balikkan (merusakkan) kereta api

- 往来妨害罪
- menghalangi lalu lintas

- 往来妨害致死罪
- menghalangi lalu lintas yang mengakibatkan kematian

- 往来妨害致傷罪
- menghalangi lalu lintas yang mengakibatkan luka-luka

罪名【あ・か行】

- 横領罪 ・ penggelapan

【か　行】

- 外国国章損壊（除去，汚損）罪 ・ merusak (melepaskan, mongotorkan) lambang negara asing
- 外国人登録法違反（登録不申請） ・ pelanggaran Undang-undang Pendaftaran Orang Asing (tidak mendaftarkan diri)
- 外国通貨偽造罪 ・ pemalsuan mata uang asing
- 覚せい剤取締法違反（所持，譲渡，譲受，使用，輸入） ・ pelanggaran Undang-undang Pegendalian Obat Perangsang (memiliki, menyerahkan, menerima, memakai, mengimpor)
- 過失往来危険罪 ・ membahayakan lalu lintas dengan kelalaian
- 過失激発物破裂罪 ・ meledakkan bahan peledak dengan kelalaian
- 過失建造物等浸害罪 ・ menyebabkan kebanjiran dengan kelalain yang merusakkan bangunan, dsb.
- 過失傷害罪 ・ menyebabkan luka-luka dengan kelalaian
- 過失致死罪 ・ menyebabkan kematian dengan kelalaian
- 加重逃走罪 ・ pelarian yang diperberat
- 加重封印等破棄罪 ・ perusakan segel yang diperberat
- ガス漏出罪 ・ menyebabkan kebocoran gas
- ガス漏出等致死罪 ・ menyebabkan kebocoran gas, dsb. yang mengakibatkan kematian
- ガス漏出等致傷罪 ・ menyebabkan kebocoran gas, dsb. yang mengakibatkan luka-luka
- 監禁罪 ・ kurungan tak sah
- 監禁致死罪 ・ kurungan tak sah yang mengakibatkan kematian
- 監禁致傷罪 ・ kurungan tak sah yang mengakibatkan luka-luka
- 艦船往来危険罪 ・ membahayakan lalu lintas kapal
- 偽計業務妨害罪 ・ menghalangi tugas dengan cara yang curang
- 危険運転致死罪 ・ mengemudi berbahaya yang meng-akibatkan kematian
- 危険運転致傷罪 ・ mengemudi berbahaya yang meng-akibatkan luka-luka

−175−

罪名【か行】

・汽車転覆罪	・menjungkir-balikkan kereta api
・汽車転覆等致死罪	・menjungkir-balikkan, dsb. kereta api yang mengakibatkan kematian
・偽証罪	・sumpah palsu
・偽造外国通貨行使罪	・mengedarkan mata uang asing palsu
・偽造公文書行使罪	・mengedarkan surat-surat berharga palsu
・偽造私文書行使罪	・mengedarkan surat-surat pribadi palsu
・偽造通貨行使罪	・mengedarkan surat-surat mata uang palsu
・偽造通貨等収得罪	・mendapat mata uang palsu, dsb.
・偽造有価証券行使罪	・mengedarkan surat-surat berharga palsu
・器物損壊罪	・merusakkan barang milik
・境界損壊罪	・merusakkan perbatasan
・恐喝罪	・pemerasan
・凶器準備集合（結集）罪	・Pertemuan (perkumpulan) tidak sah dengan senjata
・強制執行関係売却妨害罪	・menghalangi penjualan di bawah eksekusi wajib
・強制執行行為妨害罪	・menghalangi tindakan eksekusi wajib
・強制執行妨害罪	・menghalangi eksekusi wajib
・強制執行妨害目的財産現状改変罪	・mengubahkan keadaan aset yang sudah ada bertujuan menghalangi eksekusi wajib
・強制執行妨害目的財産損壊（隠匿）罪	・merusakkan (menyembunyikan) aset bertujuan menghalangi eksekusi wajib
・強制執行妨害目的財産無償譲渡罪	・memindahkan aset secara gratis bertujuan menghalangi eksekusi wajib
・強制執行申立妨害目的暴行（脅迫）罪	・melakukan serangan (mengintimidasi) bertujuan menghalangi permohonan eksekusi wajib
・強制わいせつ罪	・ketidaksenonohan dengan cara paksa
・強制わいせつ致死罪	・ketidaksenonohan dengan cara paksa yang mengakibatkan kematian
・強制わいせつ致傷罪	・ketidaksenonohan dengan cara paksa yang mengakibatkan luka-luka
・脅迫罪	・intimidasi
・業務上横領罪	・penggelapan dalam jabatan
・業務上過失往来危険罪	・membahayakan lalu lintas dengan kelalaian dalam jabatan

−176−

罪名【か行】

・業務上過失激発物破裂罪	・meledakkan bahan peledak dengan kelalaian dalam jabatan
・業務上過失致死罪	・menyebabkan kematian dengan kelalaian dalam jabatan
・業務上過失致傷罪	・menyebabkan luka-luka dengan kelalaian dalam jabatan
・業務上失火罪	・menyebabkan kebakaran dalam jabatan
・強要罪	・paksaan
・虚偽鑑定罪	・pendapat ahli palsu
・虚偽告訴罪	・pengaduan palsu
・虚偽診断書作成罪	・memalsukan surat keterangan dokter
・激発物破裂罪	・meledakkan bahan peledak
・現住建造物等放火罪	・sengaja membakar bangunan, dsb. yang sedang didiami
・建造物侵入罪	・mendobrak masuk ke dalam bangunan
・建造物損壊罪	・menyebabkan kerusakan terhadap bangunan
・建造物損壊致死罪	・menyebabkan kematian dengan merusakkan bangunan
・建造物損壊致傷罪	・menyebabkan luka-luka dengan merusakkan bangunan
・建造物等以外放火罪	・sengaja membakar benda-benda selain daripada bangunan, dsb.
・公印偽造罪	・memalsukan cap resmi
・公印不正使用罪	・penyalahgunaan cap resmi
・強姦罪	・perkosaan
・強姦致死罪	・perkosaan yang mengakibatkan kematian
・強姦致傷罪	・perkosaan yang mengakibatkan luka-luka
・公記号偽造罪	・memalsukan lambang umum
・公記号不正使用罪	・penyalahgunaan lambang umum
・公契約関係競売等妨害罪	・menghalangi lelang, dsb. yang berhubungan dengan kontrak umum
・公正証書原本等不実記載罪	・pemasukan yang tidak benar dalam akta notaris asli, dsb.
・公然わいせつ罪	・ketidaksenonohan di depan umum
・強盗強姦罪	・perkosaan dalam menjalankan perampokan

罪名【か・さ行】

- 強盗強姦致死罪
- perkosaan dalam menjalankan perampokan yang mengakibatkan kematian
- 強盗罪
- perampokan
- 強盗致死罪
- perampokan yang mengakibatkan kematian
- 強盗致傷罪
- perampokan yang mengakibatkan luka-luka
- 強盗予備罪
- persiapan perampokan
- 公務員職権濫用罪
- penyalahgunaan wewenang pegawai negeri
- 公務執行妨害罪
- menghalangi pelaksanaan tugas resmi
- 公用文書毀棄罪
- menghancurkan dokumen pemerintah
- 昏酔強盗罪
- perampokan dengan menyebabkan ketidaksadaran

【さ　行】

- 裁判員の参加する刑事裁判に関する法律違反
- pelanggaran Undang-undang tentang Pengadilan Pidana yang Diperiksa di bawah Sistem Hakim Warganegara (Undang-undang tentang Keikutsertaan Hakim Warganegara dalam Pengadilan Pidana)
- （裁判員等に対する請託（情報提供）罪）
- (meminta atau memberikan informasi kepada hakim warganegara, dsb.)
- （裁判員等に対する威迫罪）
- (intimidasi terhadap hakim warganegara, dsb.)
- （裁判員等による秘密漏示罪）
- (membocorkan informasi rahasia oleh hakim warganegara, dsb.)
- （裁判員の氏名等漏示罪）
- (membocorkan nama, dsb. hakim warganegara, dsb.)
- （裁判員候補者による虚偽記載（陳述）罪）
- (deskripsi (pernyataan) palsu oleh calon hakim warganegara)
- 詐欺罪
- penipuan, penggelapan
- 殺人罪
- pembunuhan
- 殺人予備罪
- persiapan pembunuhan
- 私印偽造罪
- memalsukan cap pribadi
- 私印不正使用罪
- penyalahgunaan cap pribadi
- 事後強盗罪
- perampokan konstruktif

−178−

罪名【さ行】

- 自殺関与罪
- mendorong atau membantu perilaku bunuh diri
- 死体遺棄罪
- membiarkan mayat
- 死体損壊罪
- merusakkan mayat
- 失火罪
- menyebabkan kebakaran dengan kelalaian
- 自動車運転過失致死罪
- mengemudi dengan kelalaian yang mengakibatkan kematian
- 自動車運転過失致傷罪
- mengemudi dengan kelalaian yang mengakibatkan luka-luka
- 支払用カード電磁的記録不正作出罪
- upaya tidak sah atas pembuatan kartu pembayaran elektromagnetik
- 重過失致死罪
- kelalaian besar yang mengakibatkan kematian
- 重過失致傷罪
- kelalaian besar yang mengakibatkan luka-luka
- 住居侵入罪
- mendobrak masuk ke dalam rumah
- 集団強姦罪
- perkosaan massal (gang rape)
- 収得後知情行使（交付）罪
- menggunakan (memberikan) mata uang kertas dan logam dengan pengetahuan setelah mendapatkannya
- 銃砲刀剣類所持等取締法違反
- pelanggaran Undang-undang tentang Pengendalian Pemilikan Senjata Api atau Pedang, dan Senjata-senjata Semacamnya (Undang-undang Pengendalian Senjata Api dan Pedang)

（けん銃実包譲渡）　　　　　　（menyerahkan amunisi pistol tangan）

（けん銃実包所持）　　　　　　（memiliki amunisi pistol tangan）

（けん銃実包として輸入）　　　（mengimpor barang sebagai amunisi pistol tangan）

（けん銃実包輸入）　　　　　　（mengimpor amunisi pistol tangan）

（けん銃等加重所持）　　　　　（pemilikan pistol tangan, dsb. yang diperberat）

（けん銃等譲渡）　　　　　　　（menyerahkan pistol tangan, dsb.）

（けん銃等所持）　　　　　　　（memiliki pistol tangan, dsb.）

（けん銃等として輸入）　　　　（mengimpor barang sebagai pistol tangan, dsb.）

（けん銃等発射）　　　　　　　（menembak pistol tangan, dsb.）

（けん銃等輸入）　　　　　　　（mengimpor pistol tangan, dsb.）

−179−

罪名【さ行】

（けん銃部品として輸入）	(mengimpor barang sebagai komponen pistol tangan, dsb.)
・出入国管理及び難民認定法違反	・pelanggaran Undang-undang Kontrol Imigrasi dan Pengakuan Pengungsi
（営利目的等不法入国等援助）	(membantu, dsb. masuk secara ilegal bertujuan mendapat keuntungan, dsb.)
（寄港地上陸許可等の期間の経過）	(melewati jangka waktu tinggal yang disahkan oleh izin untuk pendaratan dalam transit, dsb.)
（収受等の予備）	(mempersiapkan penerimaan, dsb. orang yang telah masuk ke Jepang secara ilegal)
（集団密航者の収受等）	(menerima kelompok penumpang kapal gelap, dsb.)
（集団密航者を本邦に入らせ，又は上陸させる罪）	(memasukkan kelompok penumpang kapal gelap ke Jepang atau mendaratkannya di Jepang)
（集団密航者を本邦に向けて輸送し，又は本邦内において上陸の場所に向けて輸送する罪）	(mengangkut kelompok penumpang kapal gelap menuju Jepang atau mengangkutnya menuju tempat pendaratan di dalam teritori Jepang)
（船舶等の準備及び提供）	(mempersiapkan dan menyediakan kapal, dsb.)
（不法在留）	(menetap secara ilegal)
（不法残留）	(tinggal lebih lama daripada sepantasnya; overstay)
（不法就労助長）	(menyebabkan pekerjaan ilegal bagi orang asing)
（不法上陸）	(mendarat secara ilegal)
（不法入国）	(masuk ke negeri secara ilegal)
（不法入国者等蔵匿隠避）	(menyembunyikan orang yang telah masuk ke Jepang secara ilegal atau memungkinkannya untuk melarikan diri)
（旅券不携帯）	(tidak membawa paspor)
・準強制わいせつ罪	・ketidaksenonohan kuasi dengan cara paksa
・準強姦罪	・perkosaan kuasi
・準詐欺罪	・penipuan kuasi
・傷害罪	・menyebabkan luka-luka (badani)

罪名【さ・た行】

・傷害致死罪	・menyebabkan luka-luka yang meng-akibatkan kematian
・消火妨害罪	・merintangi pekerjaan memadamkan api
・証拠隠滅罪	・melenyapkan bukti
・常習賭博罪	・kebiasaan main judi
・常習累犯窃盗罪	・kebiasaan mencuri dengan beberapa hukuman di masa lampau
・承諾殺人罪	・pembunuhan dengan persetujuan korban
・証人等威迫罪	・intimidasi terhadap saksi, dsb.
・私用文書毀棄罪	・penghancuran dokumen pribadi
・嘱託殺人罪	・pembunuhan yang dilakukan atas permintaan orang
・職務強要罪	・memaksakan pelaksanaan tugas umum
・所在国外移送目的略取罪	・penculikan untuk pemindahan ke luar negeri
・信書隠匿罪	・menyembunyikan korespondensi
・信書開封罪	・membuka korespondensi secara tidak sah
・人身売買罪	・pembelian atau penjualan manusia
・信用毀損罪	・merusakkan kepercayaan
・窃盗罪	・pencurian
・騒乱罪	・kerusuhan; amuk massa
・贈賄罪	・memberikan uang sogok

【た　行】

・逮捕罪	・penangkapan yang tidak sah
・逮捕致死罪	・penangkapan yang tidak sah yang meng-akibatkan kematian
・逮捕致傷罪	・penangkapan yang tidak sah yang mengakibatkan luka-luka
・大麻取締法違反（所持，譲渡，譲受，使用，輸入）	・pelanggaran Undang-undang Pengendalian Ganja (memiliki, menyerahkan, menerima, memakai, mengimpor)
・多衆不解散罪	・tidak membubarkan
・談合罪	・memanipulasikan tawaran; tawaran kolusi
・通貨偽造罪	・pemalsuan mata uang
・通貨偽造等準備罪	・persiapan pemalsuan mata uang, dsb.

罪名【た・は行】

・電子計算機使用詐欺罪	・penipuan dengan menggunakan komputer
・電子計算機損壊等業務妨害罪	・menghalangi usaha dengan merusakkan komputer, dsb.
・電磁的記録不正作出罪	・upaya tidak sah atas pembuatan catatan elektromagnetis
・電磁的公正証書原本不実記録罪	・catatan yang tidak benar dalam akta notaris elektromagnetis asli
・逃走援助罪	・membantu pelarian
・逃走罪	・melarikan diri (dari tempat tahanan)
・盗品運搬（保管，有償譲受け，有償処分あっせん）罪	・mengangkut barang curian (menyimpan, menerima dengan imbalan dan berdagang sebagai perantara)
・盗品無償譲受け罪	・menerima barang curian tanpa imbalan
・動物傷害罪	・melukakan binatang orang lain
・特別公務員職権濫用罪	・penyalahgunaan wewenang oleh pegawai negeri khusus
・特別公務員職権濫用等致死罪	・penyalahgunaan wewenang, dsb. oleh pegawai negeri khusus yang mengakibatkan kematian
・特別公務員職権濫用等致傷罪	・penyalahgunaan wewenang, dsb. oleh pegawai negeri khusus yang mengakibatkan luka-luka
・特別公務員暴行陵虐罪	・penyerangan dan kekejaman oleh pegawai negeri khusus
・賭博罪	・perjudian
・賭博場開帳等図利罪	・pembukaan usaha perjudian bertujuan mendapat keuntungan
・富くじ発売罪	・menjual undian berhadiah secara tidak sah

【は　行】

・売春防止法違反（勧誘，客待ち）	・pelanggaran Undang-undang Anti Pelacuran (mengajak, menunggu tamu)
・背任罪	・pelanggaran kepercayaan
・犯人隠避罪	・memungkinkan pejahat untuk melarikan
・犯人蔵匿罪	・menyembunyikan pejahat
・非現住建造物等放火罪	・sengaja membakar bangunan yang tidak didiami, dsb.
・被拘禁者奪取罪	・merebut orang tahanan

－182－

罪名【は・ま行】

- 秘密漏示罪
- 被略取者引渡し（収受，輸送，蔵匿，隠避）罪

- 封印等破棄罪
- 不実記録電磁的公正証書原本供用罪

- 侮辱罪
- 不正作出電磁的記録供用罪

- 不正指令電磁的記録供用罪

- 不正指令電磁的記録作成（提供）罪

- 不正指令電磁的記録取得（保管）罪

- 不正電磁的記録カード所持罪

- 不退去罪
- 不動産侵奪罪
- 放火予備罪
- 暴行罪
- 保護責任者遺棄罪

- 保護責任者遺棄致死罪

- 保護責任者遺棄致傷罪

- membocorkan rahasia
- menyerahkan (menerima, mengangkut, menyembunyikan, memungkinkan untuk melarikan) korban penculikan

- menghancurkan segel resmi, dsb.
- menyediakan akta notaris elektro-magnetis asli yang mengandung catatan yang tidak benar

- penghinaan
- menyediakan catatan elektromagnetis yang diciptakan tanpa otorisasi

- menyediakan catatan elektromagnetis yang mengandung perintah tidak sah

- menciptakan (menyediakan) catatan elektromagnetis yang mengandung perintah tidak sah

- mendapat (menyimpan) catatan elektro-magnetis yang mengandung perintah tidak sah

- memiliki kartu pembayaran dengan catatan tidak sah

- tidak meninggalkan setelah pengusiran
- menjarah harta benda tak bergerak
- persiapan pembakaran sengaja
- penyerangan; perkosaan
- pembiaran oleh orang yang bertanggun-jawab atas perlindungan

- pembiaran yang mengakibatkan kematian oleh orang yang bertanggunjawab atas perlindungan

- pembiaran yang mengakibatkan luka-luka oleh orang yang bertanggunjawab atas perlindungan

【ま　行】

- 未成年者略取（誘拐）罪
- 身の代金目的被略取者収受罪

- menculik anak di bawah umur
- menerima korban penculikan untuk mendapatkan uang tebusan

−183−

罪名【ま・や・わ行】

- 身の代金目的略取罪
- 身の代金目的略取等予備罪
- 身の代金要求罪
- 無印公文書偽造罪
- 無印私文書偽造罪
- 名誉毀損罪

- penculikan untuk mendapatkan uang tebusan
- persiapan untuk penculikan, dsb. untuk mendapatkan uang tebusan
- menuntut uang tebusan
- pemalsuan dokumen resmi tanpa cap
- pemalsuan dokumen pribadi tanpa cap
- fitnahan

【や　行】

- 有印公文書偽造罪
- 有印私文書偽造罪
- 有価証券偽造罪

- pemalsuan dokumen resmi dengan cap
- pemalsuan dokumen pribadi dengan cap
- pemalsuan surat-surat berharga

【わ　行】

- わいせつ物陳列（頒布，有償頒布目的所持）罪

  - わいせつ電磁的記録記録媒体陳列（頒布，有償頒布目的所持）罪

  - わいせつ電磁的記録等送信頒布罪

  - わいせつ電磁的記録有償頒布目的保管罪

- pertunjukan (distribusi, pemilikan untuk distribusi dengan imbalan) barang-barang cabul

  - pertunjukan (distribusi, pemilikan untuk distribusi dengan imbalan) media catatan untuk catatan elektromagnetis yang cabul

  - transmisi dan distribusi catatan elektro-magnetis yang cabul, dsb.

  - penyimpanan catatan elektromagnetis yang cabul untuk distribusi dengan imbalan

資料

証拠等関係カードの略語表（19ページ参照）

1，2…	第1回公判，第2回公判……〔「期日」欄のみ〕	捜 押	捜索差押調書
前1，前2…	第1回公判前整理手続，第2回公判前整理手続…	任	任意提出書
間1，間2…	第1回期日間整理手続，第2回期日間整理手続…	領	領置調書
※1，※2…	証拠等関係カード（続）「※」欄の番号1，2……の記載に続く	仮 還	仮還付請書
決 定	証拠調べをする旨の決定	還	還付請書
済	取調べ済み	害	被害届，被害てん末書，被害始末書，被害上申書
裁	裁判官に対する供述調書	追 害	追加被害届，追加被害てん末書，追加被害始末書，追加被害上申書
検	検察官に対する供述調書	答	答申書
検 取	検察官事務取扱検察事務官に対する供述調書	質	質取てん末書，質取始末書，質受始末書，質取上申書，質受上申書
事	検察事務官に対する供述調書	買	買受始末書，買受上申書
員	司法警察員に対する供述調書	始 末	始末書
巡	司法巡査に対する供述調書	害 確	被害品確認書，被害確認書
麻	麻薬取締官に対する供述調書	放 棄	所有権放棄書
大	大蔵事務官に対する質問てん末書	返 還	協議返還書
財	財務事務官に対する質問てん末書	上	上申書
郵	郵政監察官に対する供述調書	報	捜査報告書，捜査状況報告書，捜査復命書
海	海上保安官に対する供述調書	発 見	遺留品発見報告書，置去品発見報告書
弁 録	弁解録取書	現 認	犯罪事実現認報告書
逆 送	家庭裁判所の検察官に対する送致決定書	写 報	写真撮影報告書，現場写真撮影報告書
告 訴	告訴状	交 原	交通事件原票
告 調	告訴調書	交原(報)	交通事件原票中の捜査報告書部分
告 発	告発状，告発書	交原(供)	交通事件原票中の供述書部分
自 首	自首調書	検 調	検証調書
通 逮	通常逮捕手続書	実	実況見分調書
緊 逮	緊急逮捕手続書	捜 照	捜査関係事項照会回答書，捜査関係事項照会書，捜査関係事項回答書
現 逮	現行犯人逮捕手続書	免 照	運転免許等の有無に関する照会結果書，運転免許等の有無に関する照会回答書，運転免許調査結果報告書
捜	捜索調書	速 カ	速度違反認知カード
押	差押調書	選 権	選挙権の有無に関する照会回答書

診	診断書	嘆	嘆願書
治 照	交通事故受傷者の病状照会について，交通事故負傷者の治療状況照会，診療状況照会回答書，治療状況照会回答書	（謄）	謄本
検 視	検視調書	（抄）	抄本
死	死亡診断書，死体検案書	（検）	検察官
酒 カ	酒酔い酒気帯び鑑識カード	（検取）	検察官事務取扱検察事務官
鑑 嘱	鑑定嘱託書	（事）	検察事務官
鑑	鑑定書	（員）	司法警察員
電 話	電話聴取書，電話報告書	（巡）	司法巡査
身	身上照会回答書，身上調査照会書，身上調査票，身上調査回答	（大）	大蔵事務官
戸	戸籍謄本，戸籍抄本，戸籍（全部・一部・個人）事項証明書	（財）	財務事務官
戸 附	戸籍の附票の写し	（被）	被告人
登 記	不動産登記簿謄本，不動産登記簿抄本，登記（全部・一部）事項証明書		
商登記	商業登記簿謄本，商業登記簿抄本，登記（全部・一部）事項証明書		
指	指紋照会回答票，指紋照会書回答票，指紋照会書通知書，指紋照会回答，指紋照会書回答，指紋照会回答書		
現 指	現場指紋による被疑者確認回答書，現場指紋等確認報告書		
氏 照	氏名照会回答書，氏名照会票，氏名照会記録書		
前 科	前科調書，前科照会（回答）書，前科照会書回答		
前 歴	前歴照会（回答）書		
犯 歴	犯罪経歴回答書，犯罪経歴電話照会回答書		
外 調	外国人登録（出入国）記録調査書		
判	判決書謄本，判決書抄本，調書判決謄本，調書判決抄本		
決	決定書謄本，決定書抄本		
略	略式命令謄本，略式命令抄本		
示	示談書，和解書		
受	受領書，受領証，領収書，領収証，受取書，受取証		
現 受	現金書留受領証，現金書留引受証		
振 受	振込金兼手数料受領書，振込金受領書		
寄 附	贖罪寄附を受けたことの証明		

第一審手続概要

起訴

公判準備

起訴状謄本の送達
弁護人選任照会（通訳言語照会）
　　↓　（通訳人予定者への打診）
起訴状概要の翻訳・送付
国選弁護人の選任

公判前整理手続（非公開）は，裁判員裁判対象事件では必ず行われるが，それ以外の通常の事件でも行われる場合がある。

**公判前
整理手続**

証明予定事実記載書面の提出（検察官）
証拠調べの請求
　　↓
証明予定事実等の明示（弁護人，被告人）
証拠調べの請求に関する意見
証拠調べの請求
　　↓
争点及び証拠の整理（証拠決定等）
審理計画の策定

**裁判員等
選任手続**　　←　裁判員裁判対象事件のみ（非公開）

公判手続

冒頭手続

（公判前整理手続において通訳人が選任されていない場合）
通訳人の人定尋問と宣誓
　　↓
被告人の人定質問
　　↓
検察官の起訴状朗読
　　↓
被告人に対する黙秘権等の告知
　　↓
被告人及び弁護人による被告事件に対する陳述

−187−

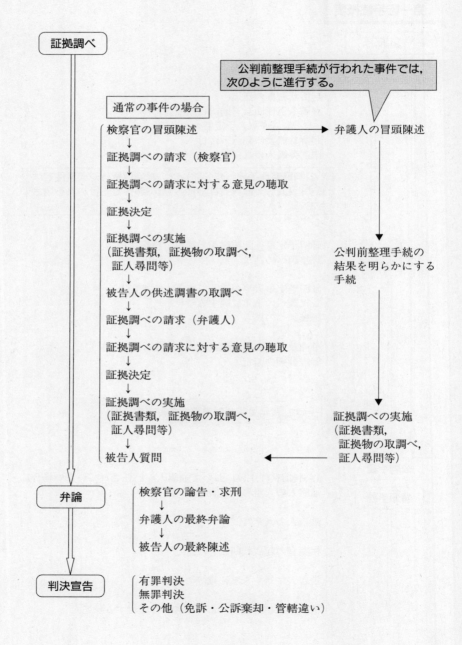

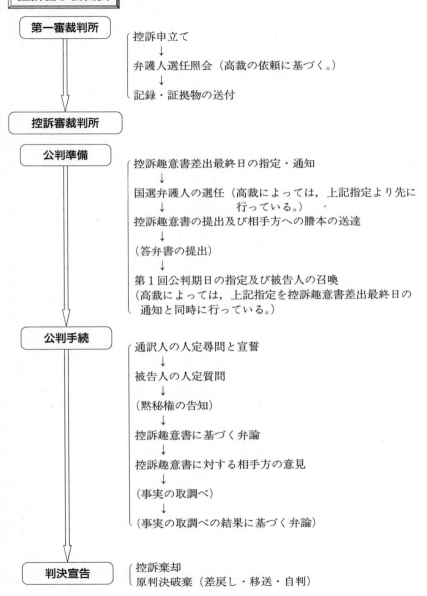

法廷通訳ハンドブック　実践編
【インドネシア語】（改訂版）　　　　　　　書籍番号　30-26

平成17年4月30日　　第1版第1刷発行
平成30年8月10日　　改訂版第1刷発行

監　　修　　最高裁判所事務総局刑事局

発 行 人　　平　　田　　　　豊

発 行 所　　一般財団法人　法　　曹　　会

〒100-0013　東京都千代田区霞が関1-1-1
振替口座　00120-0-15670
電　　話　03-3581-2146
http://www.hosokai.or.jp/

落丁・乱丁はお取替えいたします。　　　印刷製本／㈱プライムステーション

ISBN 978-4-86684-012-3

本誌は再生紙を使用しています。